子どもの読む力を育てよう！

家庭で、園で、学校で

小川三和子

青弓社

子どもの読む力を育てよう！──家庭で、園で、学校で　　目次

はじめに　009

第1章　現代社会のなかでの子どもたちと読書　011

1　町の風景から　011

2　情報社会に生きる子どもたち　012

3　文字や文章を読む力の育成　020

4　デジタル情報と紙の本　023

5　電子書籍と紙の本　024

6　書くことと読むことの移り変わりとデジタル社会　026

第2章　本を読むということ　029

1　読書で育つ力　029

2　読書の深まり　035

3　学校教育と読書　038

4　文化審議会が考える読書　041

5　学校教育の変遷と読書の施策　043

第3章　乳幼児期と読書　050

1　赤ちゃんとのコミュニケーション　050

2　赤ちゃん時代から読み聞かせを　051

3　ブックスタート　053

4　読み聞かせ　054

5　集団での読み聞かせ　057

6　ストーリーテリング　059

7　昔話　061

8　文化に出合う機会を　066

9　この時期にお薦めの本　071

第4章　小学校低学年（1年生・2年生）の読書 ——本に親しむ　078

1　「本を読みなさい」と言わないで　078

2　学校での読書指導　082

3　本に親しむ　083

4　幼年童話などに親しむ　085

5　本で調べる　088

6　ボランティア活動のこと　091

7　この時期にお薦めの本　096

第5章 小学校中学年（3年生・4年生）の読書
——多読と読書の質

1 中学年は大切な時期 101

2 中学年の読書指導目標と内容 102

3 読めるようになるために 103

4 課題をもって調べる 108

5 本との出合い 116

6 この時期にお薦めの本 122

第6章 小学校高学年（5年生・6年生）の読書
——本との出合いを大切に

1 読書離れしないために 127

2 高学年の読書指導目標と内容 130

3 目標をもって主体的に読む 131

4 読書から広がる探究的な学習 137

5 読書感想文のこと 143

6 この時期にお薦めの本 144

第7章 中学生・高校生と読書——思春期の読書 149

1 読書離れも背伸びも 149

2 中学校・高等学校の読書指導の目標と内容 154

3 児童書から大人向けの本まで 157

4 メディアの特性に応じた活用 162

5 中学校・高等学校での読書活動 165

6 この時期にお薦めの本 168

第8章 読書とバリアフリー 174

1 誰もが読書の喜びを 174

2 特別なニーズに応じた読書支援 175

3 読むための壁を低くする努力 181

4 すべての子どもたちが読書をすること 189

5 読書バリアフリーを理解するための図書 190

ブックリスト 193

おわりに 211

装画──藤原なおこ
本文イラスト──山口佳子
装丁──ナカグログラフ［黒瀬章夫］

はじめに

　私は、小学校の教員生活のほとんどを校務分掌上の学校図書館担当として、2003年からは司書教諭として学校図書館に携わり、教室では子どもたちに読書の指導をしてきました。その後、大学で非常勤講師として10年間、司書教諭講習の科目や「学校司書のモデルプラン」の科目を担当してきました。

　青弓社からは、現場で役に立ち、大学のテキストとしても使えるようにと、『読書の指導と学校図書館』（2015年）と『学校図書館サービス論』（2018年）を出版しました。そのとき、「子どもの成長と読書についてまとめてみませんか?」というお話をいただき、本書を著すことになりました。

　書きながら思い浮かべたのは、子育て中のお父さんやお母さん、学校で奮闘している教員の方々の顔です。司書教諭講習や司書講習を履修中の方も、発達段階に応じた読書指導の学習の参考にしてほしいと思います。

　スマートフォンやタブレットが普及している現在でも、子どもたちにとって読書は大切です。周囲の大人たちは、子どもたちにどんな本と出合わせてあげるか、ということも忘れてはいけません。

　本書には、学習指導要領や保育園・幼稚園・学校での活動や指導の話もたくさん盛り込んでいます。教員でない方も「学校教育ってこうなっているんだ」と知ってもらえるといいかなと思って書きました。教員のみなさんには、園や学校での活動や指導の参考になればと思います。私の思い出話のような体験談も書きました。少し先に生まれた人の経験として、気軽に読んでほしいと思います。

　また、本書のなかには、たくさんの絵本や児童書が登場します。絵本や児童書に詳しい方は、「あの本がない」「この本も載せてほしかった」と思われるでしょう。あくまでも例示ということで、厳選しているのでも網羅しているのでもないことをご了承ください。また、インターネット上に公開されて

はじめに　　009

いるパンフレットやリーフレットなどの資料は、URL も記しました。資料名で検索していただくと見つけやすいでしょう。

　巻末の「ブックリスト」には、本書で紹介する本のうち、子どもたちに薦めたい作品をピックアップして登場順に並べています。単行本や文庫本など、複数の種類（バージョン）がある作品については、購読の便宜を考え、原則として最新の刊本の出版社名・初版刊行年を記してあります。小説の場合、図書館では単行本を所蔵していることが多いかもしれませんが、文庫本に収録されている「解説」や「あとがき」も、より充実した読書体験の入り口になるはずです。ぜひ、いろいろなバージョンを手に取って、本の世界の奥行きを楽しんでみてください。

　本書を手にした方が、家庭はもちろん保育園・幼稚園や学校で、それぞれの立場で、子どもたちの成長に応じた本との出合いを作っていただければ幸いです。

第1章

現代社会のなかでの
子どもたちと読書

1 町の風景から

　ある日のファストフード店での光景です。私の目の前に、20歳前後とおぼしき男女がテーブルを挟んで座っていました。デート中でしょうか。でも、2人とも無言で笑顔もなく下を向いています。深刻な様子でもありません。2人はそれぞれ下を向いてスマートフォンを操作中だったのです。しばらくすると2人は目配せをし、黙ったまま店をあとにしました。異様な光景に見えたのは、私の年齢のせいなのかもしれません。

　別のある日の電車のなかでの光景です。電車といっても地下鉄で、外の景色は見えません。幼い男の子が両親に挟まれて私の向かいの席に座っていました。母親も父親もスマートフォンを見つめて操作しています。男の子が母親に向かって一生懸命話しかけています。でも母親は、たまに「うん」と生返事をするだけで、スマートフォンの操作を続けています。両親は同じゲームでもしているのでしょうか。ときどき母親が男の子の頭越しに父親にその画面を見せながら何やら話しています。父親も相づちを打っています。そして、また2人ともスマートフォンの操作に戻ります。母親の目は子どもではなくずっとスマートフォンの画面に向いています。男の子は、いくら話しかけても相手にしてくれない母親に見切りをつけ、今度は父親に向かって話しかけ始めました。でも、父親もやはり男の子に視線を向けようとはしませんでした。しばらくすると、男の子は正面を向いて、黙ってしまいました。せっかく親子で電車に乗ってお出かけなのに、地下鉄で窓の外は真っ暗。お母

第1章　現代社会のなかでの子どもたちと読書 —— 011

さんもお父さんもスマートフォンの操作で相手をしてくれません。

　子どもはたいてい、外出の理由は何であれ、お出かけのときは心が躍るものです。でも、あの子にとっては、黙って座っているだけの経験になってしまったのではないでしょうか。このような状態が続いたら、あの子は親に話をしなくなってしまうのではないかしらと、人ごとながら憂えてしまいました。

　こんな子守の光景もありました。孫の子守をしているおじいちゃんの隣で、まだ言葉を話さない2歳前後ぐらいの子が幼児向けのスマートフォンの画面を見ていました。終わると、「うっ、うっ」とおじいちゃんに次の画面にするよう促します。おじいちゃんの役割はスマートフォンの操作です。そして、しばらく沈黙の時間が続きます。やがてまた「うっ、うっ」と画面操作を促していました。同じ場所で一緒に過ごしていても、黙って横にいてスマートフォンの画面を動かすだけでは、赤ちゃんにとっておじいちゃんは機械を動かす「道具」になっているのではないかと考えてしまいました。これもコミュニケーションなのでしょうか。

　スマートフォンや情報端末の利用で、遠く離れていても顔を合わせることができるようになったり、すぐに文書や画像が送れるようになったりと、便利な世の中になりました。しかし、人間関係が希薄になってきたと感じることはないでしょうか。どんな社会になっても人と人とのふれあいは大切にしたいものです。そして、子どもの成長にとって、人と直接コミュニケーションをとること、人との直接のふれあいがとても大切だと思います。

2　情報社会に生きる子どもたち

映像の視聴

　現代では、スマートフォンのほかにも、テレビ番組をはじめ、DVDやブルーレイなどの録画、インターネット上の有料・無料の動画など、多彩な映像を容易に視聴できます。映像を視聴できるパソコンやタブレットなどの機

器も多様化しています。子どもたちにとって、テレビ番組やインターネット動画の視聴は日常的な体験です。町を歩けば、静止画や動画などの映像を駆使した広告が目に入ってきます。私たちは毎日、映像に囲まれて生活しています。

　映像文化というジャンルは現代の世の中に大きな位置を占め、芸術として評価されている作品も数えきれません。映像文化は人類にとって重要な文化の一つです。広い意味では、印刷された写真や漫画、絵画なども映像です。ここでは機器で視聴する動画について考え、紙の本との比較もしていきます。

　映像は、目の前にそのものの姿を映し出してくれます。花でも動物でも情景でも、実物が映し出されます。動画では動く様子を見ることもできます。ページに印刷されたQRコードを読み取ると、スマートフォンなどで動画を見ることができる図鑑もあり、紙の本とデジタルのいいところが生かされています。そして劇場の映画では、大きな画面と音響設備で、臨場感をもって疑似体験をすることができます。

　映像は現実とすべて同じかというと、そういうわけではありません。画面の切り取り方や表現によって、視聴者が受けるイメージをどのようにでも作り上げることができます。エジプトのピラミッドの写真や動画を目にすることは多いでしょう。ただ、これらが写さない／映さない部分には実はファストフードショップがあり、実際に現地を訪れたときに受ける印象は、いかにも観光地といった写真や動画から抱く印象とはかなり異なるという話も有名です。私も、若い頃ギリシャのパルテノン神殿に行ったとき、「イチドール、イチドール、イチドール」と日本人観光客に声をかける土産物屋の店員を尻目に、「神秘的ではないなあ」と思いながら歩いたことがあります。いずれにしても映像には、あたかも目の前に見えていることがすべてであるかのように錯覚させてしまうだけの力があります。

　映画やDVDや映像配信などの作品では、どう表現すれば視聴者がどう受け取るかが考えられ、背景から大道具・小道具、役者の衣装、表情、色、明るさなど、映し出されるものすべてに神経を注いだうえで制作されています。その結果、私たちは、まるで自分がそこにいるかのような疑似体験や、リア

ルな感情を得ることができます。子ども向けのテレビ番組やインターネット
上の動画もたくさん作られ、子どもたちにとってはたいへん魅力的です。

　しかし、子育ての場ではコミュニケーションを重視して、読み聞かせやお
話などを通して言葉で理解する力を育てていきたいものです。そのためには、
テレビやスマートフォンなどに子守を任せないで、大人も一緒に視聴しなが
ら、あくまで文化の一つとして映像を与えていくことが大切でしょう。また、
映像機器が視力に与える影響についても関心をもち、視聴の環境や時間にも
配慮することが必要です。

視聴過多への警告

　かつて社会評論家の大宅壮一が生み出した「一億総白痴化」という流行語
がありました。テレビがもたらす影響についての警告です。

　脳科学者の川島隆太は、テレビも含めて「デジタルのスクリーンタイムは
1時間未満がポイント[(1)]」と述べています。川島は仙台市立中学校が対象の
「平成25年度仙台市標準学力検査・仙台市生活・学習状況調査」を解析し、
「テレビを全く視聴しない群の成績」は低いという結果を得ています[(2)]。ただ、
この調査では、テレビを見ない人はスマートフォンなどの視聴時間やゲーム
の時間が長いのか、家庭環境に要因があるのかなどは不明です。

　榊浩平らは、5歳から16歳を対象に1回目の調査から3年後に再調査をおこ
ない、成長にともなって体積が減っていく脳の灰白質の減り方をMRI画像
で調べました。そして、テレビの視聴時間が長いとこの減り方が小さかった
という結果を得ました。灰白質の体積の減り方が小さかった子どもたちは、
言語能力が低かったそうです。榊は、「テレビ視聴時間の長い子どもたちほ
ど認知機能や言語能力が低い」「ゲームの使用時間の長い子どもたちほど言
語能力が低い」「インターネットの使用頻度の高い子どもたちほど言語能力
が低い[(3)]」とまとめています。

　このように述べていくと、映像の視聴は子どもたちにとってマイナスのイ
メージが強いように思われるかもしれません。しかし、文化や科学技術の発
展は重要で、私たちがその恩恵を受けるのは幸せなことです。テレビ番組や

インターネット上の動画などの映像を見ることは楽しいですし、新しい知識を与えてくれることもあります。映像文化は立派な文化です。ただ、夢中になりすぎないように注意する必要があります。そして、体を動かしたり、読書をしたり、勉強もしたり、家族の一員として家庭内の仕事も分担したり、必要なことにしっかり時間を使う生活をしてほしいです。

インターネットの利用時間と読解力

　OECD（経済協力開発機構）が実施している、PISA（Programme for International Student Assessment、生徒の学習到達度調査）と呼ばれる国際的な学習到達度調査があります。義務教育修了段階の15歳の生徒を対象に、読解力、数学的リテラシー、科学的リテラシーの3分野について、3年ごとに調査しています。この調査によると、2000年に8位だった日本の子どもたちの読解力の平均得点は03年に14位まで下がっています。これは PISA ショックなどと呼ばれて話題になりました。その後、06年に15位、09年に8位、12年に4位、15年に8位と続きましたが、18年には再び15位に下がってしまいました。

　2018年の調査では、読解力の定義を「自らの目標を達成し、自らの知識と可能性を発達させ、社会に参加するために、テキストを理解し、利用し、評価し、熟考し、これに取り組むこと」として、3つの「測定する能力」を記しています。

　　「測定する能力」
　　①情報を探し出す
　　　　－テキスト中の情報にアクセスし、取り出す
　　　　－関連するテキストを探索し、選び出す
　　②理解する
　　　　－字句の意味を理解する
　　　　－統合し、推論を創出する
　　③評価し、熟考する

－質と信ぴょう性を評価する

－内容と形式について熟考する

－矛盾を見つけて対処する

　また、この調査結果のなかで、読解力については以下のように記しています。

　◆読解力の問題で、日本の生徒の正答率が比較的低かった問題には、テキストから情報を探し出す問題や、テキストの質と信ぴょう性を評価する問題などがあった。

　◆読解力の自由記述形式の問題において、自分の考えを他者に伝わるように根拠を示して説明することに、引き続き、課題がある。

　◆生徒質問調査から、日本の生徒は「読書は、大好きな趣味の一つだ」と答える生徒の割合がOECD平均より高いなど、読書を肯定的にとらえる傾向がある。また、こうした生徒ほど読解力の得点が高い傾向にある。　　　　　　（「結果概要」から、「日本の結果」の「読解力」）

　同調査でICT（Information and Communication Technology、情報通信技術）の活用状況については、「日本、OECD平均ともに、学校外でのインターネットの利用時間が4時間以上になると、3分野ともに平均得点が低下」しているという結果が出ています（図1）。

　グラフによると、インターネットを利用しないからといって、それが必ずしも高得点につながるというわけではないようです。これは、先の仙台市の中学生の調査とも共通しています。また、同じくPISAの調査では、「社会経済文化的背景（ESCS；Economic, Social and Cultural Status）」が「高い水準ほど習熟度レベルが高い生徒の割合が多く」、「低い水準ほど習熟度レベルが低い生徒の割合が多い」としています。

　さらに、「4時間未満の利用について見ると、日本は30分以上4時間未満利用する生徒の3分野の平均得点はほとんど差がないが、OECD平均は利用す

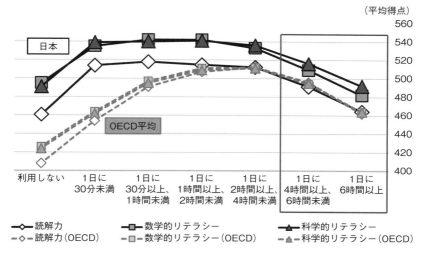

図1　学校外での平日のインターネットの利用時間別の3分野の平均得点
(出典：文部科学省・国立教育政策研究所「OECD 生徒の学習到達度調査2018年調査 (PISA2018) のポイント」2019年12月3日〔https://www.nier.go.jp/kokusai/pisa/pdf/2018/01_point.pdf〕〔2024年7月25日アクセス〕)

る時間が長いほど平均得点は高くなる傾向がある」という結果になっています。

　これは、インターネットの利用内容に理由があるようです。日本は、「他国と比較して、ネット上でのチャットやゲーム（1人用ゲーム・多人数オンラインゲーム）を利用する頻度の高い生徒の割合が高く」、「コンピュータを使って宿題をする」「学校の勉強のために、インターネット上のサイトを見る（例：作文や発表の準備）」「関連資料を見つけるために、授業の後にインターネットを閲覧する」「学校のウェブサイトから資料をダウンロードしたり、アップロードしたり、ブラウザを使ったりする（例：時間割や授業で使う教材）」「校内のウェブサイトを見て、学校からのお知らせを確認する（例：先生の欠席）」の項目が、OECDの平均よりも著しく低いせいかもしれません。つまり、OECDの平均には、インターネットを利用して勉強する時間も含まれているのです（図2）。

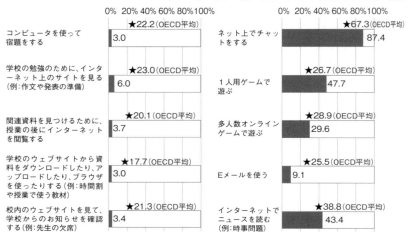

図2 学校外での平日のデジタル機器の利用状況
（出典：同ウェブサイト）

　GIGAスクール構想が推進されるなか、2022年に実施された調査の結果が楽しみです。本書を刊行する頃には発表されている予定です。

ICT教育の推進

　文部科学省は、2008・09年（平成20・21年）改訂学習指導要領の第一の柱に、各教科での言語活動の充実を掲げました。2017・18・19年（平成29・30・31年）改訂学習指導要領では、学校図書館の活用と読書活動をさらに重視しています。その一方で、ICT活用にも力を入れています。

　2016年1月に内閣府で閣議決定した「第5期科学技術基本計画」のなかでは、「Society 5.0（ソサエティ5.0）」を提唱しました。Society 5.0とは、これからの世の中は、「狩猟社会（Society 1.0）、農耕社会（Society 2.0）、工業社会（Society 3.0）、情報社会（Society 4.0）に続く新たな社会」だとし、「サイバー空間とフィジカル空間（現実空間）を高度に融合させたシステムにより、経済発展と社会的課題の解決を両立する、人間中心の社会（Society）」と説明

しています。情報社会（Society 4.0）では、入力したりプログラミングしたりすることによって情報を得たり機械を動かしたりしていますが、Society 5.0の世の中では、AI（人工知能）の活用によって仮想空間と現実空間を高度に融合するシステムが出現するわけです。すでに自動車の自動運転システムや、ChatGPT に代表される対話型 AI が実用化して話題になっています。

　これを受けて、文部科学省は、2019年に「GIGA スクール構想」を打ち出しました。GIGA スクール構想とは、Global and Innovation Gateway for All、「全ての人にグローバルで革新的な入口を」ということで、1人1台端末と高速大容量の通信ネットワークの一体的整備と言われています。文部科学省は次のように説明しています。

　　1人1台端末と、高速大容量の通信ネットワークを一体的に整備することで、特別な支援を必要とする子供を含め、多様な子供たちを誰一人取り残すことなく、公正に個別最適化され、資質・能力が一層確実に育成できる教育 ICT 環境を実現する
　　これまでの我が国の教育実践と最先端の ICT のベストミックスを図ることにより、教師・児童生徒の力を最大限に引き出す[(5)]

　情報端末を使うこと自体が目標になってしまっているという教育現場からの声も耳にします。これまでの教育実践の蓄積を大事にして、ICT 活用による相乗効果を目指している点を重視したいと思います。

　インターネットが気軽に使えるようになると、疑問に思ったことをすぐに検索しようとする人が多くなってきました。それはいいことですが、何でもインターネット上に答えがあるように思ってしまう傾向が出てきたことが懸念されています。

　本来は探究的な学習になるはずの課題が、インターネットで調べてわかったことを書き写すだけの学習になってしまっているという話も耳にします。インターネットでちょっと調べて答えを見つけただけでは、その人にとって深い学びにはならず、探究にもなりません。前述のとおり、1人1台端末を

第1章　現代社会のなかでの子どもたちと読書　019

利用すること自体が教育の目的になってしまっている学校現場もあります。そうではなくて、よりよい教育を実現することを目標に掲げ、そこにたどり着くための手段として1人1台端末を導入・活用していくというのが理想でしょう。

　子どもたちには、ICTも活用するけれども、それよりも、本で調べることや1冊の本を読み通すこと、実際に体験したり経験したりすることも大切なのだと教えてあげたいです。多様なメディアや方法を活用できるようになってほしいと思います。国の読書に関する政策は、第2章「本を読むということ」でもう少し詳しく述べることにします。

3　文字や文章を読む力の育成

文字を読む力の獲得

　現代を生きる人々、特に子どもたちには、映像とほどよく付き合いながらも紙の本での読書を勧めたいものです。映像は、スイッチを入れたり画面を開いたりという操作を最初におこないさえすれば、あとはこちらが何もしなくても音声や画像が映し出され、私たちを自然と楽しませてくれます。また映像では、私たちの目の前に具体的な場面や情景が現れます。このように、スイッチさえ入れれば楽しませてくれたり知識を与えてくれたりする映像に対して、子どもたちに意図的に与えていきたいのが読書です。

　読書は、記号である文字を読み、さらに書いてあることを理解したり情景を想像したりする力がないと楽しむことができません。まず記号を文字として認識し、文字を組み合わせて、単語、文節、文、文章、と段階的に意味を理解していきます。

　最初は、「あ」「め」と1文字ずつしか読み取ることができず、ひらがなは1文字では意味をもちません。拾い読みといわれる1字ずつ途切れ途切れにしか読めない状態では、そこに何が書いてあるかは認識できていません。そのうち、一度に認識できる文字数が増えていきます。すると、「あめ」「あめ

が」のように、単語や文節として意味をもって認識できるようになります。小学校1年生の国語の教科書は、分かち書きといって、文節ごとに分割して書いてあります。文節ごとにまとめて読めるようになると、書いてあることがわかるようになります。

　慣れてくると、「あめがふっています」というまとまりが一度に認識できるようになり、「雨が降っています」という意味なのだと理解できるようになります。さらに、どんな場所で、どのように雨が降っているのかという点は、想像力をはたらかせてイメージしなければなりません。この作業ができるようになってようやく、文字を読んで書いてある事柄を理解できるようになります。

　一度に認識できる文字の数を増やすには訓練が必要です。発達段階に応じた読書によって、私たちは楽しみながらその能力を獲得しているのです。そして、文字を読み、言葉によって想像したり理解したりできる力は、言葉で考える力を育てます。言葉によって抽象的な事柄も考えられるようになります。文字を読み、言葉で考え、言葉で伝える力は、人間が生きていくうえでとても大切な力です。

　言葉で考えたり言葉で伝えたりすることができないと、いら立ったり泣きじゃくったり手や足が出たりします。小さい子ではよくあることです。言葉で考える力や言葉で伝える力は、精神的な安定にも重要です。私は、担任した小学校5年生のある児童から、「向こうからわあってきて、（両手を頭の上方に移動させて）わあってなったら、（拳を下ろしながら）やっちゃっていい？」と言われたことがあります。私は「だめだめ」と言いながら、言葉で考えて、自分の思いを整理し、自分で解決したり言葉で伝えたりする力をつけていくために、少しでも力になりたいと思いました。その学級は、朝読書と読み聞かせを軸にした学級経営のおかげで、お互いが信頼しあえる学級になりました。

文章を読む、文章で書く話す

　映像は、たとえ視聴者が理解していなくても、じっくり考えたくても、勝

第1章　現代社会のなかでの子どもたちと読書　021

手にどんどん進んでいってしまいます。本は、パラパラとめくりながら前に戻ったり、進んだりと、ページを行ったり来たりが容易にできます。立ち止まったり、前に戻ったり、先を読んだり、読書は読者のペースに合わせてじっくり考えさせてくれます。映像でも録画したものであれば早く進めたり前に戻ったりできますが、紙の本のようにスムーズにはいきません。読書はじっくり考える力も育てます。

脇明子は、「映像ではけっして代用できない読書の価値」は「読むという精神活動そのものにある」と述べ、「映像メディアでは置きかえのきかないことは何かというと、それはまず書き言葉レベルの言葉を使う力であり、次に想像力であり、第三に全体を見渡して論理的に考える力だと思います」[6]と述べています。

「書き言葉レベルの言葉を使う力」は、子どもの思考力を育成するうえでとても大切です。小学校に入学すると、「先生、トイレ」ではなく、「トイレに行ってもいいですか？」と文章で話すことを指導したり、授業中は「です」「ます」で話させることを通じて、単語の羅列ではなく、文章で伝えるようにさせたりします。探究的な学習でのテーマ設定も「〜について」だけで終わらせず、知りたいこと・調べたいことを疑問文の形式で書くことによって、テーマがより明確にイメージできます。文章で書いたり話したりするときには、自分の思いを論理的に整理したうえで、人に伝わるように組み立てることが必要です。先の PISA 調査の結果で「引き続き、課題がある」とされた「自分の考えを他者に伝わるように根拠を示して説明すること」は、まさに文章で考え文章で表現するということでしょう。

映像に埋め尽くされた現代社会のなかで、文章を読んだり文章で書いたり話したりする機会は、意識しなければどんどん減っていきます。しかし、文章を使いこなす力は、私たちがよりよく生きるために欠かせません。子どもたちには意識的に、文章を読んだり文章で書いたり話したりする機会を与えたいです。読書は、文章を読む力を育てるだけでなく、文章で書く力や話す力も育てます。

4 デジタル情報と紙の本

　現代は、何かを調べるときもインターネットを利用することが多くなりました。疑問に思ったことがあるとすぐにインターネットを開いて検索するようになりました。

　インターネットや電子版の事典・辞典などは、必要な情報を取り出すには便利です。インターネットの情報を利用する際には、すでに多くの人が信憑性に気をつけているでしょう。書籍の場合、書かれた原稿が本になって出版されるまでに、出版社で編集や校正の作業を繰り返します。図書館学では目録の記述事項で著者や編者のことを責任表示と見なしています。インターネットに比べると責任をもって世に出しているといえるでしょう。

　インターネットや電子版の事典・辞典などは、リンクでポイントからポイントに飛ぶことができます。便利ですが、前後との関係は断ち切られ、周辺情報を入手することは苦手で、受け取る情報はかなり断片的です。

　本は一冊のなかに流れがあります。何かを調べるとき、ちょっとした情報を得るにはインターネットは便利ですが、理解を深めたり探究したりするためには本が不可欠でしょう。本は、著者の論理に沿って構造的に理解しながら読み進めます。脇明子が説く「全体を見渡して論理的に考える力」を育成するのだと思います。

　本は「重い」「荷物になる」「保存に場所を取る」などという人がいますが、その構造からさっと概観できるという長所があります。

　例えば、学校の研究発表会では通常、研究の成果を研究集録にまとめます。近年はこの研究集録を CD-ROM にして配布する学校が増えてきました。CD-ROM は項目ごとに開かないと中身を読むことができません。冊子ならさっと見られるのに、CD-ROM は一通り見るために多くの時間を要します。

　インターネットの情報でも同様です。文部科学省の「図書館実践事例集——主体的・対話的で深い学びの実現に向けて（学校図書館）」を見たいと

第1章　現代社会のなかでの子どもたちと読書 ━━ 023

思ったのですが、100校の事例にリンクが張ってあり、全校を見るためには100回クリックし、閉じるためにも100回クリックする必要があります。冊子なら一通りざっと眺められます。冊子が出版されていれば購入したいところです。

5　電子書籍と紙の本

　本章では、映像やインターネットと比較しながら、文章を読むこと、特に読書は大切だと述べてきましたが、電子書籍の読書はどうでしょうか。近年は、スマートフォンやタブレットで読書や新聞購読をする人が増えてきました。電子書籍は、情報端末にたくさん保存できます。混雑した電車の車内でも周りに気兼ねせずに新聞が読め、通勤や旅行にたくさんの本を持ち歩くことも可能です。

　教科書もデジタル教科書が普及してきました。重い教科書を何冊も持ち歩かなくてもよくなります。内容を拡大して画面に映したり、電子黒板の利用で書き込みをしたりもできます。一方で、教科書に書き込みをしたり線を引いたり付箋を貼ったりする作業は、紙の教科書のほうがしやすいのではないでしょうか。

　文字情報だけの電子書籍を読むときは、文字だけでそこに書いてあることを理解し、自分で想像したり考えたりします。装丁や紙の色・質感などさまざまなファクターを取り除き、文字情報だけから作者と対峙するような読書ができるという長所があります。

　紙の本と同じ紙面が画面に映し出される電子書籍もありますが、画面が小さいと少し読みにくかったり、拡大すると一部分しか表示されず操作が面倒だったりすることもあります。読むことに壁がある人にとっては、各自の壁を取り除くために、文字を拡大する／文字を囲む／色を変える／読み上げるなど、デジタル資料やデジタル機器の利用が大いに役立ちます。詳しくは第8章「読書とバリアフリー」で取り上げます。

電子書籍が普及しても、紙の本ならではのよさは捨てがたいものです。紙の本の最大の魅力は装丁です。表紙、見返し、文字、レイアウト、挿絵、紙の色や質、栞の有無やその質など、電子書籍では得られない本の世界を作り出しています。紙の本は、作者だけでなく編集者や装丁者、デザイナーなど多くの人たちの共同作業で、実体としての書籍が作られます。表紙や挿絵、文字のフォントと大きさ、紙の質などは、その本を読もうかどうか考えるときの大きな判断基準になるのではないでしょうか。夏目漱石や太宰治の作品が装丁を変えただけで売れ行きが大きく変わったという経験を踏まえ、いまや各出版社では装丁をかなり重視しています。

　実体がある紙の本では、文字情報だけでなく本そのものが作り出す世界を、読者がイメージとして認識することになります。その本のどこにどんなことが書いてあったのか、本の世界のイメージと一緒に記憶することができるのです。紙の本は、実体としての本が総体として読者にインプットされる点が大きな長所でしょう。

　私は、多くの雑誌をインターネットで読むことができるプランを契約しています。インターネットで読む雑誌は、情報は得られるのですが、見ていると疲れます。楽しくないのです。紙の本を読まない人はインターネット情報で満足しているのでしょうが、私は紙の雑誌のほうが癒やされます。これぞという雑誌があれば、やはり購入したり図書館で読んだりします。最近は音楽も配信で購入する人が多くなっていますが、CD や DVD、レコードも見直されています。お気に入りの作品は、やはり実物として持っておきたいという意識がはたらくのでしょう。

　これも私の経験ですが、新型コロナウイルス感染症拡大のなかでの「おこもり生活」で、書店から足が遠のき、図書館で借りる本は必要な本を検索・予約してカウンターに受け取りにいくだけでした。世の中の状況がよくなって図書館内に入って書架の前にも立つことができるようになり、また書店にも出かけるようになりました。背表紙や展示されている本に囲まれたときには何ともいえないうれしさを感じました。「これだ、この感覚を待っていたのだ」と思いました。実体としての本、紙の本の読書のよさは、これからの

第1章　現代社会のなかでの子どもたちと読書 ━━ 025

子どもたちにも伝えていきたいものです。小さい頃から肌身に感じる経験を
重ねていくことが大切なのです。

6　書くことと読むことの移り変わりとデジタル社会

　人類の歴史のなかで、現代は、書くことと読むことの大きな転換期かもし
れません。

　人類最初の文字は、岩や石、動物の骨などに彫っていました。エジプトの
神殿やピラミッドに残されたヒエログリフ、大英博物館に所蔵されているロ
ゼッタ・ストーン、中国の殷の時代に亀の甲羅や牛の肩甲骨に刻んだ甲骨文
字などはご存じでしょう。

　そのうち、パピルスや羊皮紙に葦などのペンで文字を書くようになり、紙
に筆やペンで書く時代になります。そしていまや文字は、書くよりも、キー
ボードで打つ、スマートフォンやタブレットの画面に触れて入力することが
多くなりました。

　文字を筆記する手段は、「刻む→書く→打つ・触れる」と変遷するのでしょ
うか。しかし、目で見た文字が脳に入り再び手を通して書く場合と、キー
ボードを打つことや画面に触れることで入力する場合とでは、脳に及ぼす影
響が異なります。パソコンやスマートフォン、タブレットで文字を入力する
ようになり、「漢字が書けなくなった。漢字を忘れた」という経験は誰もが
口にしています。

　また、江戸時代以前に書かれた古文書などを見ると、誰もが達筆であるこ
とに驚きます。老齢に達した私は、ペンや鉛筆で書くと年相応の文字になっ
ていますが、いまだに筆で書くことは苦手です。

　江戸時代以前は、文字を習うときには筆を使い、日常生活で文字を書く場
合も筆を使っていました。文字を覚えるときも使うときも筆で書いていたわ
けですから、年を経るにつれてそれなりの文字が書けるようになっていった
のではないでしょうか。ペンや鉛筆で文字を書く機会が少なくなった現代、

大人になっても老齢になっても子どものような文字しか書けない人が多くなるのではないかと懸念しています。

　知人のお孫さんの話ですが、小学校入学以前にタブレットを使って文字を覚えるソフトでひらがなを覚え、小学校に入学してもこれで安心だと思っていたところ、いざ鉛筆で書く段階になったら書けなかったのだそうです。まだ実証はされていませんが、「文字は読めるし入力もできるが書けない」時代にならないよう、現代の識字について考える必要がありそうです。

　姜尚中のエッセー『生きる意味』[8]に、ワープロで原稿を書き始めた頃に編集者から、文章に勢いがなくなったと言われたというエピソードが書かれていました。同書には、「編集者にしてみれば、文章が洗練され、磨きがかかっているように見えても、私の内部に沸々と発酵する想念の鮮度が感じられないというわけである」「何度も推敲が可能で、編集も自在なワープロでの執筆は、確かに「加工」の度合いが著しく大きくなり、完成度も高いように思える。しかし、滑らかなインクの出とともに、自分の中に思い浮かぶ初発の想念やアイデアを原稿用紙にぶつけるようにマス目を埋めていく、手書きの文章にしかない「勢い」は削がれざるを得ない」という言葉がありました。物を書く人の実感として貴重だと思います。現在、姜尚中は長めの文章を書くときは、万年筆で原稿用紙に下書きをして手書きの勢いを生かしながら、ワープロから代わったパソコンで仕上げているそうです。

　漫画についても似たようなことを感じます。いまや多くの漫画やアニメは、最新のテクノロジーを活用して制作されています。原画を紙に書いていた頃の漫画やアニメは、たくさんの制作者が多大な時間と労苦を費やして制作していました。最新技術の利用によって漫画やアニメの制作現場は大きく変わりました。制作時間や制作過程も、大幅に軽減しました。それだけでなく、表現された作品も大きく変わりました。さまざまな技術や機械を駆使したいまの作品も素晴らしいですが、紙で表現していた頃の作品の「味」には代えがたいものがあります。あのアナログな2次元の漫画やアニメならではのよさも多くの人に味わってほしいですし、後世に残したいものです。

注

(1) 川島隆太『オンライン脳——東北大学の緊急実験からわかった危険な大問題』アスコム、2022年、210ページ

(2) 川島隆太『スマホが学力を破壊する』(集英社新書)、集英社、2018年、114 – 121ページ

(3) 榊浩平「メディアやインターネット習慣と脳」、川島隆太／松﨑泰編著『子どもたちに大切なことを脳科学が明かしました』所収、くもん出版、2022年

(4) 文部科学省・国立教育政策研究所「OECD 生徒の学習到達度調査2018年調査 (PISA2018)のポイント」2019年12月3日（https://www.nier.go.jp/kokusai/pisa/pdf/2018/01_point.pdf）［2024年7月25日アクセス］

(5) 文部科学省「（リーフレット）GIGA スクール構想の実現へ」（https://www.mext.go.jp/content/20200625-mxt_syoto01-000003278_1.pdf）。文部科学省「GIGA スクール構想について」（https://www.mext.go.jp/a_menu/other/index_0001111.htm）からアクセス可能［ともに2024年7月25日アクセス］。

(6) 脇明子『読む力は生きる力』岩波書店、2005年、140ページ

(7) 文部科学省「図書館実践事例集——主体的・対話的で深い学びの実現に向けて（学校図書館）」2020年3月（https://www.mext.go.jp/a_menu/shotou/dokusho/link/mext_00768.html）［2024年7月25日アクセス］

(8) 姜尚中『生きる意味』毎日新聞出版、2022年、61ページ

第2章

本を読むということ

　第1章で、映像や情報機器が身近になった現代社会で紙の本を読む意義を述べました。第2章では、読書をすることが人間形成にどのように関わっていくのか、識者の考えも紹介しながら考えていきます。さらに、学校教育の現場で読書指導・読書活動の推進が重視されていること、その背景や国の施策にふれていきます。

1　読書で育つ力

文学作品を読むこと

　まず、物語や小説など文学作品を読むことについて考えていきましょう。

　私たちは、文学作品を読むことによって物語の世界に入り、情景を想像し、登場人物の気持ちに共感したり、そうではないと反発したり批判したり、こんな人になりたいとあこがれたり、逆にこんな人にはなりたくないと嫌悪感を抱いたり、さまざまな体験をします。物語や小説の読書は、あたかもその場に居合わせたかのような心持ちになり、本の世界を体験するわけです。このような本の世界での体験を通して、登場人物のことを自分のことのように感じられる力が身に付きます。文学作品は、相手の喜びも心の痛みも自分のことのように感じられる人間を育てる力があります。

　以下に、長い間子どもの読書や学校図書館研究に携わってきた堀川照代と、翻訳家であり子どもの本や読書に関する多くの著作を著している脇明子の言葉を紹介します。

第2章　本を読むということ　　029

堀川照代は、子どもにとっての読書の意義を7つ挙げています。[1]

①ことばを学ぶ・読むことを学ぶ

　子どもは、読むという行為の繰り返しによって、「ことば」を学び、読む力を伸ばします。

②想像力・思考力・判断力などが育成される

　子どもは、記号である文字を読み、それぞれに書いてあることを想像し、考えます。

③情報を使う力が育成される

④知識や情報を得る

　③④は、主にノンフィクションを読むことによって得られるように思われますが、文学作品でも得られます。堀川は、「知識の本であっても物語の本であっても、読む力と知性は相互に作用して高められていく」と述べています。

⑤「生きる」ための知恵を得る

　「「生きる」ための知恵」とは、単なる知識だけではなく、子どもたちが生きていくための「うまい助け」の提供をも意味します。

⑥心のごっこ遊びを体験する

　最初に書いた、物語の世界に入って本の世界を体験することを堀川は、ごっこ遊びに似ていると書いています。お店屋さんごっこやお母さんごっこでの具体的な体験を通して役割体験をしたり子ども同士の付き合い方を学んだりするように、読書は心のごっこ遊びのようだと述べています。

⑦もう一つの世界と出合う

　ここで堀川は、ゲームの世界と物語の世界を比べています。ゲームの世界とは、RPG（ロールプレイングゲーム）のような物語が展開していくゲームを想定しているものと考えられます。

　堀川は、物語の世界は、「自分の世界とは異なる著者が構築した世界である」「ゲームのように、読書が参加してその世界を作り上げていくのではな

い」と述べ、本田和子の言葉を引用しています。現在、引用元の文献は入手困難なのですが、物語の世界の「あえてその運命を受け入れ、それに寄り添っていく」「自分の手で自由に操作できないための不自由さ・もどかしさと同時に、一方では"自分"という限界と"自分の体験"という狭い範囲を超えて、より大いなるもの・より新奇なるものに出会える喜び[2]」という言葉はたいへん参考になります。

ゲームのなかでは、制作者が用意した世界にプレイヤーが参加して、その世界を作り変えていくといえます。それに失敗したらプレイヤー自身が悪いということになりますが、やり直しもきき、自分が思うようにその世界を切り開いて進んでいきます。一方、物語の世界は、それがよくても悪くても、読者が変えることはできません。物語の世界で困難に直面したとき、読者はどうしようもない気持ちに耐え、葛藤し、忍耐強く我慢し、物語とともに進みます。この、どうしようもないことを前にして耐える力は、生きていくうえで大切なことです。

脇明子は、その著書『読む力が未来をひらく』のなかで、本を読むことで育つ力は、「記憶力や思考力や想像力が鍛えられるというプラス・アルファ、生きる力の基本としてとても大切なプラス・アルファ」だとし、そのためには、「ある程度の長さのある物語を、端から丹念にたどってまるごと読むという体験」が必要不可欠だと述べています[3]。

この世に生を受けてから子どもたちは、周りの環境や人の影響で成長していきます。本を読まなくても生物としての人間は育ちますが、人は読書によって多くのことを学び、豊かな心を育み、さらには人間性を育みます。子どもたちと本との出合いを作るのは周りの大人です。おもしろくて楽しい読書も、知識を与えてくれる読書も大切ですが、子どもたちへの文化の継承としての読書も大切な観点です。出版者の方々には、「売れる」という観点だけでなく「どんな本を手渡したいか」という観点での出版を期待しています。

ノンフィクションを読むこと

堀川が示した7つの読書の意義のうち、特に「情報を使う力が育成され

『育てて、発見!「ジャガイモ」』
(真木文絵絵文、石倉ヒロユキ写真・絵〔福音館の科学〕、福音館書店、2015年)

る」と「知識や情報を得る」の2点は、ノンフィクションを読むことで大きく育つ力です。何が書かれているのかを理解し、新たな知識や情報を知り、考え、評価し、自己のなかで認識として再構築して記憶します。何かを調べるために読むときには、正しくかつ必要な情報かどうかも評価します。まさに、いま求められている情報活用能力が育成されます。

　また、第1章で述べたように、本は、構成を考えて1冊にまとめ上げられています。説明文や論説文は、単に知識や情報を得るだけでなく、論理的に物事を考え、判断する力を養います。

　ここに『育てて、発見!「ジャガイモ」』(真木文絵絵文、石倉ヒロユキ写真・絵)という写真絵本があります。表紙には両手いっぱいのジャガイモの写真が中央にあり、さらに土の上に芽が出た写真、茎が伸びた写真、実ができた写真という3つの小さな写真が右上端にあります。ジャガイモを連想させる黄土色の見返しには、かわいらしいジャガイモのイラストが並んでいます。目次に目を通すと、13の項目と解説からなる本だということがわかります。まず「ジャガイモってなに?」というページで、イモと呼ばれる野菜のなかで、ジャガイモはナス科の植物、サツマイモはヒルガオ科、ナガイモはヤマノイモ科だということがわかります。ジャガイモはどこで育つのかもわかります。ジャガイモをよく見ると芽は片側に多く集まっていて、茎につながっていた側の芽はまばらなことや、芽は螺旋状に並んでいることもわかります。ジャガイモの育ち方も花も紹介しています。花は作りも丁寧に説明してあり、ジャガイモに実がなることも写真で示しています。ジャガイモの種類、伝来の歴史、料理、それからジャガイモの茎にミニトマトの茎を接ぎ木する実験も紹介しています。ジャガイモからデンプンを採ってみたり、種から栽培したりする様子も掲載しています。

　装丁や構成が醸し出すこの本の世界を楽しみながら読み進め、身近なジャ

ガイモについての新たな知識にふれ、興味をもつことは、その子の成長に大きな影響を与えることでしょう。新たな疑問が湧くかもしれません。本で得た知識をもとにジャガイモを観察したり、実際に育てたり、ミニトマトを接ぎ木する子もいるでしょう。「トマトは何科かな?」「どこから伝わってきたのかな?」など、この本から得たものの見方は、ほかの場面でも生きるでしょう。なんといっても、ジャガイモを見たり食べたりしたときに思い浮かべるジャガイモのイメージがぐんと広がるでしょう。

　ジャガイモの育て方を知りたい、ジャガイモの花を見てみたいなど、その場で知りたいことをピンポイントで調べるにはインターネットが便利です。写真や動画も見ることができます。しかし、インターネットのサイトは大人向けに作られていることがほとんどで、検索結果からどのサイトを見ればいいか選ぶことも難しいものです。小学校中学年ぐらいまでは、インターネットで調べるときは大人がそばについてあげるといいでしょう。4年生ぐらいまでは児童書のほうが調べやすいようです。

　ノンフィクションを読むときは、何かを調べるためだけでなく、書名や表紙、装丁から興味をもってその本を手に取って読み進めることもあります。子どもたちがいろいろなことに興味・関心をもち、理解を深めたり考えたりする機会の一つとして、ノンフィクションの本ともたくさん出合ってほしいです。

2023年度「全国学力・学習状況調査の結果」から

　2023年4月に文部科学省がすべての小学校6年生と中学校3年生を対象に、学力・学習状況の調査をおこないました。「全国学力・学習状況調査の結果」では、家にある本の冊数や、授業で工夫して発表していたかということ、そして各教科の平均正答率との関係を分析しています(図3)。

　調査結果は、家にある本の冊数で大きく3グループに分け、上段のグループが「0〜25冊」、中段が「26〜100冊」、下段が「101冊以上」です。さらに、「授業で、自分の考えを発表する機会では、自分の考えがうまく伝わるよう、資料や文章、話の組立てなどを工夫して発表していましたか」という質問に

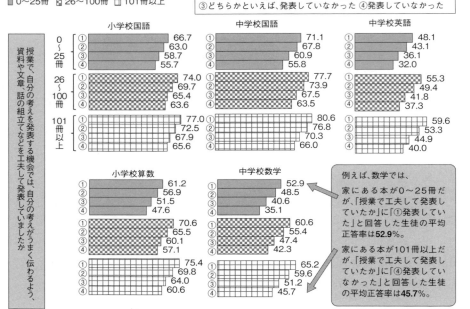

図3　全国学力・学習状況調査の結果
(出典：国立教育政策研究所「令和5年度 全国学力・学習状況調査の結果（概要）」〔https://www.nier.go.jp/23chousakekkahoukoku/index.html〕〔2024年7月25日アクセス〕)

対して、「発表していた」「どちらかといえば、発表していた」「どちらかといえば、発表していなかった」「発表していなかった」から選択させ、平均正答率を示したものです。

　その結果、授業で工夫して発表している児童・生徒は、もちろん平均正答率は高いですが、家にある本の冊数が多いグループほど平均正答率が高くなっています。

　この調査は、「家にある本の冊数」を「社会経済的背景（SES）」の代替指

標として用いているので、「家庭の社会経済的背景（SES：Socio-Economic Status）が低い児童生徒ほど、各教科の正答率が低い傾向が見られる。しかし、「主体的・対話的で深い学び」に取り組んだ児童生徒は、SESが低い状況にあっても、各教科の正答率が高い傾向が見られる」と分析しています。家に本がたくさんありさえすればいいというわけではなく、家に本がたくさんあるような家庭環境が大切だということです。

2　読書の深まり

読書に親しむ

「本を読むことは面倒だ」「文字を読むことが苦手」と感じるか、「本を読むことが楽しい」「読書が好き」と思うか、同じ行為でも読書に親しんでいるか否かで、感じることは正反対になります。ICT活用や、創造性、考える力が重視されている時代ですが、それを支えているのは、昔から「読み書きそろばん」と呼ばれる「読むこと・書くこと・計算」の力です。読書の力もしっかり身に付けたいです。また、すべての人が知識を得、考え、判断する力をもつことは、すべての人が主人公である民主主義の根幹ともいえます。知識と教養を得ることは、個人の問題ではなく、社会にとって必要なことなのです。

　そのためには、まず、読書に慣れ親しみ、「本が好き」「読書が好き」になってほしいです。印刷された文章を読むことに慣れ、読書をすることの楽しさや喜びを知り、読書に親しむことです。

　読み聞かせによって「本は楽しい」「お話大好き」という感情を育てることは、読書の土台になります。紙の本から得られる雰囲気が心地よいと感じる感性もこれからの子どもたちには大事なことです。何も見ないでお話をするストーリーテリング（素話）も耳からの読書といえるでしょう。

　また、一冊の本を読み通す力を習得するには、ある程度の「慣れ」が必要です。読書をする時間を作り、日々読書に親しむことの積み重ねで、子ども

は文章を読むのが容易になり、読書が楽しくなっていきます。学校では、朝の読書などを通じて読書時間を確保しているところがたくさんありますが、家庭でも寝る前などに読書の時間を作るといいでしょう。

読書の幅を広げる

　読むことに慣れるのと同じぐらい大切なのが、いろいろな本と出合って読書の幅を広げることです。

　楽しむための読書、娯楽としての読書は、一生続きます。しかし、いろいろな本との出合いがなければ、容易に読める本ばかり選んだり、小学校高学年になっても低学年向けの本しか読めなかったり、同じシリーズから抜け出せなかったりしがちです。高学年や中学生になっても読んだ本の冊数やページ数をただ競わせるだけだと、そうした傾向にますます拍車がかかってしまいます。いろいろな本に出合い、いろいろな本を読むことで、興味・関心も知識も広がり、考えも深まるでしょう。次に読みたい本があると心がわくわくして、読書がより楽しくなります。

　子どもたちにいろいろな本と出合わせるための方法は多様です。家庭では、親子で図書館や書店に行く機会を設けましょう。図書館でおこなう読み聞かせやイベントに参加するのもいいことです。

　学校では、教員が直接お薦めの本を紹介することがあるでしょう。児童・生徒同士で本を紹介する機会を設けることもよくおこなわれています。読み聞かせも本との出合いの場になります。ブックトークという本の紹介方法もあります。学校でのさまざまな読書活動は、児童・生徒と本との貴重な出合いの場になります。展示や掲示での紹介、図書館便りやポップ、本の帯などでの紹介、学校図書館だけでなく廊下や教室にお薦めの本を置くなど、学校内の環境を整備することでも、本との出合いの場が身近に開かれることになります。

　これらの読書活動や環境整備は、第3章から第7章で詳しく取り上げます。そして、このようなさまざまな方法によって、成長の糧になるような本とも出合わせたいです。

読書で考える

　楽しむための読書、娯楽としての読書は、ずっと続きます。一方で、読書によって自分の視野が広がったり認識が深まったり、感動したり、作品のテーマについて考えさせられたりといった読書による充実感を経験していくと、読みたい本への欲求も変化し深まっていきます。こうした機会を意図的に設定することがいわゆる「読書の質」を高めていくのです。かといって、「ためになる」だけを基準に本を選んでいたら、「先生に紹介される本は、つまらない」「学校にある本はかたい本ばかり」「お母さんはいつも、伝記を読みなさいって言う」「漫画はだめって言われる」などと、読書の楽しさが伝わらなくなってしまいます。知的な興味・関心を高めてくれる本は、テーマ、内容、編集、装丁など総合的に満足できる本だと思います。

　そして、1年に1回か2回は、1冊の本と対峙し、じっくり読み返し、本の内容やその本に関連したテーマについて考えることが理想です。それを文章で表現したのが読書感想文で、絵画で表現したのが読書感想画です。読書感想文を書いたり読書感想画を描いたりするためには、対象の本を読み返したり、立ち止まって考えたり、その本を深く読み込むことが必要です。本の紹介やビブリオバトルという書評合戦なども、対象の本を深く読み返す読書活動になるでしょう。

　本を読み、考え、情報発信することは、子どもにとって大切な学びです。くれぐれもコンクールで賞を取るために親が書いたりAIに書かせたりすることがないようにしましょう。また、他人の作品を写すのは法律違反で、やってはいけないということも、子どもたちに教える必要があります。

読書で人と関わる

　子どもたちの成長にとって読書は大切だとはいっても、室内にこもってひとり読書に励んでいる姿は、目指す子ども像ではありません。休み時間には外で元気に遊んでほしいです。中学生・高校生は部活もがんばってほしいです。家庭でも、実際に目で見たり体験したりすることを大切にしたいです。

第2章　本を読むということ　037

　読書でコミュニケーション能力を育てることも可能です。学校では、児童・生徒同士で本の紹介をしあう、読書会などを計画して本について話し合う、児童・生徒による読み聞かせをおこなう、読書に関するイベントをするなど、集団での読書活動も計画したいものです。
　家庭でも、読書に親しむ雰囲気がある家庭の子どもは、読書好きになる傾向にあります。家に本棚があり、大人の本も子どもの本もある程度備わっていることは、子どもにとって重要な環境だといえます。わが家の子どもが小さかったとき、友達が遊びにきて、本棚の絵本を取り出して一緒に読んでいた光景を思い出しました。

3　学校教育と読書

学校図書館と読書

　学校での読書指導に欠かせない施設が学校図書館です。学校図書館法の第1条では、学校図書館は「学校教育において欠くことのできない基礎的な設備である」と記し、第3条で「学校には、学校図書館を設けなければならない」としています。学校図書館の目的は、第1条で「学校教育を充実するこ

と」だとし、第2条でさらに具体的に記しています。「学校の教育課程の展開に寄与する」と「児童又は生徒の健全な教養を育成すること」の2つです。

学校図書館は、休み時間や放課後に児童・生徒が自由に本を読んだり借りたりするだけでなく、「学校の教育課程の展開に寄与する」、つまり授業など教育課程内で大いに活用するべき設備で、「児童又は生徒の健全な教養を育成する」ために活用するべき設備です。

さらに、「学校図書館ガイドライン」では3つの機能を示しています。

「読書センター」機能
　児童生徒の読書活動や児童生徒への読書指導の場
「学習センター」機能
　児童生徒の学習活動を支援したり、授業の内容を豊かにしてその理解を深めたりする
「情報センター」機能
　児童生徒や教職員の情報ニーズに対応したり、児童生徒の情報の収集・選択・活用能力を育成したりする

（「学校図書館ガイドライン」から）

学校教育としての読書指導は、その学校の教育計画の一環として意図的・計画的におこなうこと、各教科などで学校図書館を大いに活用すること、「児童又は生徒の健全な教養を育成する」ことを念頭に置くことが重要です。司書教諭や学校司書、学校図書館担当教員などが、読書とは何か、読書活動の推進や読書の指導の意義を押さえ、校内の読書活動、学年の発達段階に応じた読書指導、個々の児童・生徒に応じた読書指導などを推進することが大切です。

学習指導要領と読書

学校での学習は、文部科学省が告示する教育基準である学習指導要領に基づいておこなわれています。教科書もこれに基づいて作られ、検定を受けて

います。学習指導要領は、おおむね10年に一度改定されています。このなかでも読書は重視されています。

　2023年現在の現行学習指導要領は、17年に小学校、中学校、特別支援学校小学部・中学部、18年に高等学校、19年に特別支援学校高等部が告示され、「主体的・対話的で深い学び」という3つの視点に立った授業改善に向けた配慮事項を示して、読書活動の充実を取り上げています。以下に小学校の学習指導要領からの抜粋を掲載しますが、中学校や高等学校、また特別支援学校でも同様に記してあります。

　第3　教育課程の実施と学習評価
　1　主体的・対話的で深い学びの実現に向けた授業改善
　　各教科等の指導に当たっては、次の事項に配慮するものとする。
　　　（略）
（2）　第2の2の（1）に示す言語能力の育成を図るため、各学校において必要な言語環境を整えるとともに、国語科を要としつつ各教科等の特質に応じて、児童の言語活動を充実すること。あわせて、（7）に示すと

おり読書活動を充実すること。

　　（略）

（7）　学校図書館を計画的に利用しその機能の活用を図り、児童の主体
的・対話的で深い学びの実現に向けた授業改善に生かすとともに、児童
の自主的、自発的な学習活動や読書活動を充実すること。また、地域の
図書館や博物館、美術館、劇場、音楽堂等の施設の活用を積極的に図り、
資料を活用した情報の収集や鑑賞等の学習活動を充実すること。

（小学校学習指導要領〔平成29年告示〕「第1章 総則」から抜粋。傍点は筆者）

　傍点部に「国語科を要としつつ各教科等の特質に応じて」とありますが、
「第2章 各教科」の「第1節 国語」でも、読書の指導は国語の授業だけでは
なく、「読書意欲を高め、日常生活において読書活動を活発に行うようにす
るとともに、他教科等の学習における読書の指導や学校図書館における指導
との関連を考えて行うこと」とあります。学校教育では、「読書指導＝国
語」という考え方にとらわれず、国語以外での読書指導も考える必要があり
ます。

4　文化審議会が考える読書

　「中学校学習指導要領（平成29年告示）解説　国語編」に、「読書とは、本を
読むことに加え、新聞、雑誌を読んだり、何かを調べるために関係する資料
を読んだりすることを含んでいる[4]」とありますが、これは、2004年の文化
審議会答申「これからの時代に求められる国語力について[5]」のなかの、「こ
こでいう読書とは、文学作品を読むことに限らず、自然科学・社会科学関係
の本や新聞・雑誌を読んだり、何かを調べるために関係する本を読んだりす
ることなども含めたものである」という、読書の考え方を受けたものです。

　この答申では、読書の重要性を以下のように述べています。

第2章　本を読むということ ━━ 041

読書は、国語力を構成している「考える力」「感じる力」「想像する力」「表す力」「国語の知識等」のいずれにもかかわり、これらの力を育てる上で中核となるものである。特に、すべての活動の基盤ともなる「教養・価値観・感性等」を生涯を通じて身に付けていくために極めて重要なものである。

　（略）情報化社会の進展は、自分でものを考えずに断片的な情報を受け取るだけの受け身の姿勢を人々にもたらしやすい。自分でものを考える必要があるからこそ、読書が一層必要になるのであり、「自ら本に手を伸ばす子供を育てる」ことが切実に求められているのである。

　つまり、子どもたちの読書を考えるとき、一冊の本を始めから終わりまで丹念に読み進める従来イメージしてきた「読書」と、何かを調べるために情報を得る読書という、これら両方を考えることが必要だということです。情報を得るための読書は、その情報が正しい情報なのか、また必要な情報なのかを評価することまでも含める必要があるでしょう。断片的に切り取られた情報だけではない、全体的・総合的な情報を得ることができる点が、本の優れた特徴の一つです。

　答申では、学校での読書活動の推進のために、「学校図書館の計画的な整備」「学校教育における「読書」の位置付け」「望ましい「読書指導」の在り方」「子供たちが読む本の質的・量的な充実」という4つの観点を示しています。ここでは、「読書の重要性を考えた場合、読書活動は、一教科の中だけで取り組むものではなく、すべての教科にわたって全校を挙げて取り組むものとして明確に位置付けられるべきである」ということや、「読書指導においては、子供と本との橋渡しをする教員の役割が極めて大切であり、教員の読書指導の質が問われることになる。読書指導における教員の姿勢は重要で、「本を読まない教員は求められていない」と言うこともできる」などと述べている部分もあります。

　私の経験からも、教員が児童・生徒向けの本に親しみ本好きであること、学校が読書に力を入れ、児童・生徒がそれを肌で感じられることが大事だと

思います。ある教員は読書に力を入れるが、ある教員は読書指導をしない、などという状況にならないように、学校教育で読書の指導が重要だということを教員全員が十分理解して読書の指導に取り組むことが必要です。「読書が楽しいということを自らが背中で見せる」と言った人がいましたが、そのとおりだと思います。子どもを本好きにするには、親や家族や教員が本好きであることがいちばんの近道です。

5　学校教育の変遷と読書の施策

学校図書館の誕生

　日本の歴史のなかで、江戸時代から近代へと世の中が大きく変わった歴史の節目として、明治維新がありました。それと匹敵するぐらいの大きな変化、世の中も価値観も劇的に変わったのが1945年です。

　1945年8月14日、日本はポツダム宣言を受諾し、翌15日にこのことを伝える玉音放送が流され、9月2日に降伏文書に署名しました。国民が主役の民主主義社会の始まりです。46年11月3日には、「国民主権」「基本的人権の尊重」「平和主義」の三原則を掲げた日本国憲法が公布され、翌年5月3日から施行されました。

　教育も大きく変わりました。1946年3月、連合国軍総司令部（GHQ）の要請によって、アメリカ国務省は、日本の戦後教育制度について助言するために教育使節団を派遣しました。50年8月には、第2次訪日アメリカ教育使節団が来日しました。

　1947年3月20日、「学習指導要領一般編（試案）」が発行され、社会科・家庭科という新しい教科と自由研究が設けられました。そして同年中には各教科に対応した学習指導要領が次々と発行されました。また同年3月31日には、民主主義教育の基本を示した教育基本法と学校教育法が公布され、5月23日制定の学校教育法施行規則には、図書館または図書室の必置が記されました。この年の初めの頃、文部省にいた深川恒喜は、ほかの数人とともに総司令部

第2章　本を読むということ　—— 043

に呼ばれ、「学校図書館の手引」の作成を依頼されます。翌48年12月15日、日本で最初の「学校図書館の手引」が発行されました。「学校図書館の手引」は、「国立国会図書館デジタルコレクション」で読むことができます[6]。

1953年には、多くの人々の署名運動と超党派の国会議員によって、議員立法として学校図書館法が成立しました。

教育目標の変化

アメリカの教育使節団は、自ら課題をもって調べ、進んで学ぶ教育の推進を奨励しましたが、学校現場では資料もなければ指導法もわからなかったことでしょう。1950年頃には、基礎学力の低下が教育界や父母の一部の間で問題になっていきました。そこで文部省は、58年の学習指導要領から系統性と教育の効果と能率を高めることを重視し、学校の授業は、学習指導要領に基づいた検定教科書のとおりに指導するようになりました。「教科書を教えるのではなく、教科書で教えるのだ」と、教科書の内容を丸暗記させる指導はよくないとしながらも、教科書に書かれていることを理解させることが重視されました。もちろん、国語の各学年の目標には読書の必要性も掲げられていましたが、能率的・効果的指導という意図のもと、学校図書館資料も精選して活用することが求められました。

私は、1975年に小学校の教員になりました。その頃、読書指導で教科書以外の絵本や物語を教材にする場合には、教科書のどの単元のどのような位置付けで計画したのかが重視されました。ほとんどの場合、教科書単元の発展と位置付けていました。

系統的な学習指導が進むと、「知識偏重」「落ちこぼれ」「○×思考」「テストの点数だけよくても社会に出て役に立たない」などの批判や懸念が出てきました。教科書に書いてあることをしっかり理解し、テストでいい成績を取って、大学まで進学し、一流と呼ばれている企業に就職すれば、あとは年功序列で定年退職するまで給料が上がっていき、退職後は年金でも十分暮らせる、現在はそんな世の中ではなくなっています。困難な状況でも課題を見つけて解決する能力が必要になります。テストの点数だけでなく、一人ひとり

のよさを社会に生かすことの大切さも認識されるようになってきています。

　1977年と78年の学習指導要領の改訂では、「自ら考え正しく判断できる児童生徒の育成」を重視し、「ゆとりの時間」を設定しました。円周率が3でもよくなったことと指導内容と授業時間の削減ばかりが話題になりましたが、児童・生徒が主体になる学びへの過渡期だったと私は理解しています。

「生きる力の育成」

　1989年の改訂では生活科ができ、98年の改訂で、「確かな学力」「豊かな心」「健やかな体」の3要素からなる「生きる力の育成」が示されました。小学校・中学校・高等学校とも「総合的な学習の時間」が創設され、2008年の改訂では、「総合的な学習の時間」の趣旨やねらいなどを総則から取り出し、新たに第5章として位置付けました。

　2008年の改訂では、OECD実施のPISA型読解力の育成を念頭に置く「言語活動の充実」が第一の柱になりました。読書活動の推進と学校図書館の活用が重視され、「習得・活用・探究」が学習のキーワードでした。17年・18年の改訂でも引き続き「生きる力の育成」「習得・活用・探究」を引き継ぎ、「主体的・対話的で深い学び」への授業改善が求められています[7]。

　このように追いかけてくると、以下に掲げるように、「ゆとりと充実」を経て「生きる力の育成」を打ち出した頃から現在の教育内容へと変わってきた経緯がわかるでしょう。自ら考えるためには、学校図書館活用や読書指導がより重視されるようになりました。国は、1993年の「学校図書館図書標準」という指標（後述）以降、学校図書館活用や読書指導を重視したさまざまな施策を打ち出しました。

学校教育の大きな流れ

戦後の民主主義教育の始まり

↓

系統的な学習

第2章　本を読むということ　—— 045

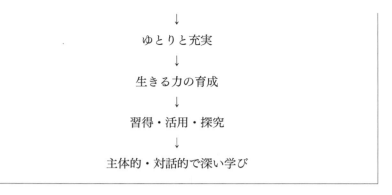

学校図書館活用の重視

　1993年3月、当時の文部省は、各都道府県の教育委員会教育長に宛てて「学校図書館図書標準」の設定を通知しました。これは、学校の学級数によってどのぐらいの図書を確保すればいいかの標準を定めたものです。法律ではありませんが、このような通知と自治体ごとの「学校図書館図書標準」達成状況の調査によって、小・中学校の学校図書館の図書が増えていき、読書が重視されるようになりました。しかし、数字に注目するあまり、資料価値がなくなった古い情報の本や、手に取ることを躊躇してしまうような色あせた本も捨てないように要請している自治体があるという声も聞かれます。

　財源については「学校図書館図書整備新5か年計画」を策定し、1993年度を初年度とする5カ年計画による地方交付税としました。5年後の98年度からは単年度での予算措置でしたが、2002年度、07年度、12年度、17年度、22年度と継続して5カ年計画を策定し財源を確保してきています。名称は、そのつど若干異なります（本章末の表1を参照）。22年の第6次「学校図書館図書整備等5か年計画」は、「令和4年度からの5年間で、全ての小中学校等において学校図書館図書標準の達成を目指すとともに、図書の更新、新聞の複数紙配備および学校司書の配置拡充を図」ることを内容としています。

　1997年には、学校図書館法が改正され、2003年から12学級以上の小・中学校に司書教諭を置くようになりました。

読書の重視

　2000年は、「子ども読書年」でした。そして、東京・上野に国立国会図書館国際子ども図書館が部分開館しました。これは国立の児童書専門図書館という位置付けで、02年に全面開館しました。国内外の児童書やこれらに関する研究書が保存され、閲覧できます。明治時代の1906年に帝国図書館として竣工した煉瓦棟の1階は、小学生以下の子どもたちが自由に読書をしたり調べものをしたりできるようになっています。2階には、中学生・高校生を対象とする「調べものの部屋」もあります。学校図書館向けに、国際理解を中心とした科学やバリアフリーに関する図書のセット貸出もしています。そのほか、開架式の資料室、講演会、さまざまなイベント、国立国会図書館としての資料の保存と提供など、幅広く活動しています。

　翌2001年には、「子どもの読書活動の推進に関する法律」が施行され、4月23日を「子ども読書の日」と決めました。第2条には、「子ども（おおむね18歳以下の者をいう。以下同じ。）の読書活動は、子どもが、言葉を学び、感性を磨き、表現力を高め、創造力を豊かなものにし、人生をより深く生きる力を身に付けていく上で欠くことのできないものである」と記されています。

　この法律に基づいて、2002年に国の「子どもの読書活動の推進に関する基本的な計画」を閣議決定し、都道府県の「子ども読書活動推進計画」も策定されています。国の計画は、08年に第2次、13年に第3次、18年に第4次、23年に第5次が閣議決定されました。

　2004年には、前述した文化審議会答申「これからの時代に求められる国語力について」が出されました。05年には文字・活字文化振興法が施行され、10年は「国民読書年」でした。大人にとっても読書は大切です。

　2014年には学校図書館法が改正され、「努めなければならない」という努力義務ではありますが、学校司書の配置が記されました。

　また、2016年に「障害を理由とする差別の解消の推進に関する法律」（いわゆる障害者差別解消法）が施行され、19年には「視覚障害者等の読書環境の整備の推進に関する法律」（読書バリアフリー法）が施行、20年には「視覚

表1 学校図書館や子どもの読書に関する施策の変遷

年	施　　　策
1993	「学校図書館図書標準」設定
	「学校図書館図書整備新5か年計画」
	2002年：「学校図書館図書整備5か年計画」
	2007年：「新学校図書館図書整備5か年計画」
	2012年：「学校図書館図書整備5か年計画」
	2017年：「学校図書館図書整備等5か年計画」
	2022年：「学校図書館図書整備等5か年計画」
1997	学校図書館法 改正
	2003年：司書教諭の配置
2000	「子ども読書年」
	国立国会図書館国際子ども図書館 部分開館
	2002年：全面開館
2001	「子どもの読書活動の推進に関する法律」
2002	「子どもの読書活動の推進に関する基本的な計画」
	2008年：第2次
	2013年：第3次
	2018年：第4次
	2023年：第5次
2004	文化審議会答申「これからの時代に求められる国語力について」
2005	文字・活字文化振興法
2010	「国民読書年」
2014	学校図書館法 改正→学校司書の配置
2016	「障害を理由とする差別の解消の推進に関する法律」（障害者差別解消法）
2019	「視覚障害者等の読書環境の整備の推進に関する法律」（読書バリアフリー法）
2020	「視覚障害者等の読書環境の整備の推進に関する基本的な計画」（読書バリアフリー基本計画）

障害者等の読書環境の整備の推進に関する基本的な計画」（読書バリアフリー基本計画）が策定されました。読むことが苦手でもやさしく読める、見えなくても見えづらくても読書を楽しめる、聞こえなくても語りや読み聞かせを楽しめる。すべての子どもたちにとって読書や読書活動は大切です。

　2023年に閣議決定された「第五次子どもの読書活動の推進に関する基本的な計画」は、「不読率の低減」「多様な子どもたちの読書機会の確保」「デジタル社会に対応した読書環境の整備」「子どもの視点に立った読書活動の推進」の4つを基本的方針にしています。[8] 本書では、第7章「中学生・高校生と読書——思春期の読書」と第8章「読書とバリアフリー」で取り上げています。

　表1は、近年の読書施策を年表にしたものです。国が読書の普及に力を入れていることがわかるでしょう。とはいえ、ただ「本を読みなさい」と押し付けたのでは、かえって読書嫌いになってしまう確率が高くなります。次章からは、子どもの発達段階に応じた家庭や学校での読書について取り上げていきます。子どもの成長には個人差がありますし、親や教員が思い描くよう

に育つわけでもありません。子どもの内面と人も含めた周りの環境が相まって、一人ひとりが個性をもって成長していきます。私たち大人は、子どもをとりまく環境の大切な要素として、子どもの立場にも立って、子どもたちに接したりはたらきかけたりしていきたいものです。

注

(1) 堀川照代「読書の意義と目的」、全国学校図書館協議会「探究 学校図書館学」編集委員会編著『読書と豊かな人間性』(「探究 学校図書館学」第4巻)所収、全国学校図書館協議会、2020年、14 – 17ページ

(2) 本田和子「「読書だけ」の楽しみを探る」、教育と医学の会編「教育と医学」第45巻第1号、慶應義塾大学出版会、1997年、21ページ

(3) 脇明子『読む力が未来をひらく──小学生への読書支援』岩波書店、2014年、6、8ページ

(4) 文部科学省「中学校学習指導要領(平成29年告示)解説　国語編」東洋館出版社、2018年、25ページ

(5) 文化審議会答申「これからの時代に求められる国語力について」2004年2月(https://www.mext.go.jp/b_menu/shingi/bunka/toushin/04020301/015.pdf)［2024年7月25日アクセス］

(6) 文部省編「学校図書館の手引」師範学校教科書、1948年、「国立国会図書館デジタルコレクション」(https://dl.ndl.go.jp/pid/1122721)［2024年7月25日アクセス］

(7) 戦前・戦後の学校図書館・読書指導の経緯については、大串夏身監修、小川三和子『読書の指導と学校図書館』(〔学校図書館学2〕、青弓社、2015年)第2章、小川三和子『学校図書館サービス論』(青弓社、2018年)第1章、小川三和子「読書教育の系譜」(前掲『読書と豊かな人間性』所収)を参照。

(8) 文部科学省「第五次「子どもの読書活動の推進に関する基本的な計画」について(通知)」2023年3月28日(https://www.mext.go.jp/b_menu/hakusho/nc/mext_00072.html)［2024年7月25日アクセス］

第3章

乳幼児期と読書

1 赤ちゃんとのコミュニケーション

　赤ちゃんは、最初の感覚は快・不快から始まり、快ければすやすやと眠ったり穏やかな顔でいたりし、不快ならば泣きます。新生児は、視覚も未発達でまだ明るさぐらいしか感じ取れません。そのうち、人が通るとそちらを見るしぐさをするようになります。赤い色から徐々に色や形を認識するようになります。音がするとそちらを向きます。私は、生後まだ間もない自分の子どもを目の前にしたとき、この繊細な感覚をテレビなどの機械音や極彩色で壊したくないと思いました。

　親がスマートフォンを手放せない日々を送る現代、子育てにもスマートフォンが活躍するようになってきました。視覚がはっきりしてきた赤ちゃんにスマートフォンの画面を見せると、画面に興味を示します。スマートフォンを見せておけばご機嫌でいるようです。しかし、テレビと同様に一方的に極彩色の絵が動き機械音が鳴るスマートフォンは、赤ちゃんの繊細な感覚には刺激が大きすぎるのではないでしょうか。一緒に見て、それについて話しかければ一定のコミュニケーションはとれるでしょうが、鑑賞の対象として、やはり刺激が大きすぎるのではないかと思ってしまいます。

　かといって、テレビもスマートフォンも極度に遠ざけ、情報機器や電子機器を神経質にシャットアウトするような子育てもお勧めできません。テレビやスマートフォンに子育てを任せないように気をつけて、ちょうどよくテレビやスマートフォンにも触れていけるといいと思います。

050

赤ちゃんは、自分に話しかけたり相手をしてくれたりすると上機嫌ですが、大人同士で会話をしているとぐずりだすことがあります。まるで、「私のほうを向いて」「私をないがしろにしないで」と訴えているようです。赤ちゃんにとって、やさしく話しかけることはとても大切です。おむつを替えるときも黙ってやるのではなく、「さあ、おむつを替えましょう」「気持ちいいねえ」などと話しかけたり、足をさすって「伸びた、伸びた、伸びた」などと話しかけたりしましょう。

2　赤ちゃん時代から読み聞かせを

　絵本もコミュニケーションツールです。まだ笑うことさえできない赤ちゃんに、『いないいないばあ』（松谷みよ子文、瀬川康男絵）を見せながら読むと、じっと見つめています。そのうち、「ばあ」のところでニコッと笑うようになります。生後1年未満の赤ちゃんでも、絵本を読んでもらうことは心地よいと感じるようです。

　1歳近くになると、まだ言葉を話せなくてもこちらが言っていることを理解するようになります。離乳食を食べさせながら「おいしい」と言うと、おいしい顔をしたり、それなりのしぐさをしたりします。グーとパーの動作を教えると、手でグーとパーを表します。指が発達してくると、「1歳」と言うと指で1を示すようにもなります。大人たちにとっても赤ちゃんのかわいらしいしぐさに楽しいひとときになりますが、赤ちゃんにとって、言葉とそれを表す事象との一対一対応が形成されている証しです。

　歩けるようになると、自分の好きな本を持ってきて、家族とのコミュニケーションが始まります。絵本の絵と名称との一対一対応も赤ちゃんの頭のなかではどんどん形作られていきます。自分で絵本をめくって、お気に入りの絵を指さして「あっ、あっ」と言いながら、その名称を言うように一緒にいる家族の顔を見ます。家族がそれに答えてあげると、満足そうです。そのうち、大人が「ゾウはどれ？」「リンゴはどれ？」などと聞くと、その絵を指さ

第3章　乳幼児期と読書　051

すようになります。まだ話せないうちから色の名前や国旗なども認識できます。そして、それらの一対一対応ができ、家族に認められることがとてもうれしそうです。繰り返しがある言葉やリズム感がある言葉も大好きです。

　一方、ひとりでも絵本を前に目を輝かせ、ときには真剣な顔をして、全身全霊で遊んでいる姿を見ることもできます。このような赤ちゃんの姿を見ていると、いろいろなことを知りたい気持ちがあふれ出ているように思え、絵本を見るということは、赤ちゃんにとって主体的な活動であることが伝わってきます。赤ちゃん時代に限らず、子どもが成長していく過程ではずっと生の声でのコミュニケーションを大切にしていきたいものです。

　福音館書店の創業やNPOブックスタートに参画した松井直は、自分の息子がまだ1歳だった頃、絵本『はなのすきなうし』(マンロー・リーフ文、ロバート・ローソン絵)をひとりでめくって見ていたので、その子を膝に乗せて読んであげたそうです。「分かっても分からなくてもまあいいや、という気持ち」で読んだそうです。「でも一生懸命聞いていることは、ひざの感触を通して分かるんですね」「白黒の挿絵でその年齢にはまだ難しい本ですから、おはなしの意味はまだ分からなかったと思いますが、どこか緊張しながら最後まできちんと聞いていたので、私は「すごいねえ」と思いました」と述べています。「そして次の日の晩、私が仕事から帰ってくると、息子はその本を抱えてよちよちと玄関に出てきて、その本を差し出すんです。読めということです」。その日も『はなのすきなうし』を読み聞かせた松井は、息子が前日よりも一生懸命に聞く姿を感じて、「子どもはそういうふれあいのなかで、言葉があって、そして言葉だけではなく、いろいろなものを、感じ取るのでしょう」[(1)]と続けています。

　繰り返し読み聞かせると、赤ちゃんにとってはそのとき肌で感じたことや空気感など心地いいことが繰り返されることになります。そして、赤ちゃんや小さな子どもにとって、そのとき感じた居心地のよさがとても大事なのです。私自身、まだ幼かった頃の古い記憶のなかで、心地よい居場所での同じ経験によって同じ空気感が繰り返されることが安心感につながっていたことを覚えています。

3 ブックスタート

　赤ちゃんのときから絵本や読み聞かせに親しんでもらおうと自治体が取り組んでいる活動に「ブックスタート」があります。この取り組みは、1992年、イギリスのバーミンガム市で絵本コンサルタントをしていたウェンディ・クーリングが「すべての子どもたちに、絵本を読んでもらうしあわせなひとときを経験してほしい」として開始しました。日本では2000年の「子ども読書年」に、子ども読書年推進会議の会合のなかでイギリスの活動が紹介されました。そして翌年4月、12市町村が新規事業としてブックスタートを開始し、その後全国に広がっていきました[2]。

　ブックスタートは、「地域に生まれたすべての赤ちゃんと保護者を対象に、赤ちゃんと絵本をひらく時間の楽しさを実際に体験してもらいながら、絵本が入った「ブックスタート・パック」を手渡す、という活動[3]」です。

　絵本を手渡すだけだったり希望者だけの参加だったりでもブックスタートと呼べてしまうような一般名詞にしないために、「ブックスタート」「ブックスタートプラス」の語とロゴマークを商標登録して、大切な5つのポイントを示しています。NPO ブックスタートから情報提供を受けたり、「ブックスタート・パック」を購入したりしている自治体でなくても、このポイントを共有した活動であれば「ブックスタート」という名称を使用できます[4]（表2）。

　NPO ブックスタートが2023年2月と3月におこなった「「赤ちゃんへの絵本贈呈事業」に関する全国調査」によると、全国の1,741市区町村のうち84.4％にあたる1,469市区町村が、赤ちゃんへの絵本贈呈事業を実施しています[5]。そのうち、23年7月31日現在で、NPO ブックスタートを通して「絵本をひらく楽しい「体験」と「絵本」をセットでプレゼントする」という「ブックスタート事業」を実施しているのは1,101市区町村とされています。ただし、コロナ禍で56.6％の市区町村が読み聞かせの休止や中止などを含め、実施方法の変更を余儀なくされました[6]。

第3章　乳幼児期と読書 ━━ 053

表2　ブックスタートの大切な5つのポイント

目的	赤ちゃんと保護者が、絵本を介してゆっくり心ふれあうひとときを持つきっかけをつくります ＊赤ちゃんに負担をかけたり、保護者にプレッシャーを与えたりするような早期教育の活動ではありません
対象	地域に生まれたすべての赤ちゃんと保護者が対象です
機会	地域に生まれたすべての赤ちゃんと出会える保健センターの0歳児健診などで行われます
方法	絵本をひらく楽しい体験といっしょにあたたかなメッセージを伝え、絵本を手渡します ＊「赤ちゃん、すくすく幸せに育ってね」「地域みんなで子育てを応援していますよ」などのメッセージを、顔を見合わせて丁寧に伝えます
体制	市区町村単位の活動として、地域で連携して実施されます 特定の個人や団体の宣伝・営利・政治活動が目当てではありません

（出典：NPOブックスタート編著『赤ちゃんと絵本をひらいたら――ブックスタートはじまりの10年』岩波書店、2010年、171ページ）

　東京都新宿区では、保健センターで実施する乳幼児健康診査など（0歳児・3歳児）に来た親子を対象に、地域ボランティアによる読み聞かせと絵本の配付をおこなっています。0歳児の親子には絵本2冊を配付し、読み聞かせをおこないながらその意義を説明しています。また、3歳児の親子にも読み聞かせをおこない、絵本1冊を中央図書館・地域図書館で配付して、利用促進につなげています。例えば2018年度は、0歳児88.6％、3歳児92.8％が参加しています[7]。コロナ禍では読み聞かせは中止していました。

　静岡県浜松市では、市立の各図書館が定期的にブックスタートに取り組んでいて、6カ月から満1歳（誕生日当月まで）の子と保護者を対象に、この年齢のうちに1回受講できます。内容は、「絵本の読み聞かせやわらべうたの体験（一部の会場にて実施）」「図書館職員からのアドバイス」「あかちゃんの図書館利用者カードの作成」「おすすめ絵本を1冊プレゼント[8]」というものです。

4　読み聞かせ

生の声で

　ここで読み聞かせについて少し詳しく取り上げましょう。

読み聞かせとは、ただ本を音読するのではありません。読んで聞かせるというよりは、一冊の本を読み手と聞き手が同じ空間で共有し、読む人（大人）と聞く人（子ども）の気持ちが響き合って一体になり、温かい時間をともに過ごすことなのです。「読みきかせ」「よみきかせ」「読み語り」など、その人の思いがこもった呼び方をする人もいます。

　絵本の読み聞かせは、絵の力を借りながら耳からお話を聞くことを通じて、その場の雰囲気のなかで絵本の世界に入り込んだり、絵本の世界を楽しんだり、ときどき現実世界に戻ったりして読書を楽しむ活動です。子どもによっては、この本は母親に読んでもらう本、この本は父親に読んでもらう本と決めている子もいるそうです。その子にとっては、読んでくれる人も含めて本を楽しんでいるのでしょう。

　読み聞かせは、身近な大人が生の声で読むことに意義があります。幼児教育に携わった人が、自身の経験を振り返って「読み聞かせは、お父さんのあぐらのなかに座って、お気に入りの本を読んでもらうのが基本の形」と言っていました。お父さんでなくても、あぐらのなかでなくても、信頼できる大人に包まれている気分で、その人の声で読んでもらうことが大切なのです。

　近年は、「YouTube」でも絵本の読み聞かせを視聴でき、デジタル絵本や本の読み聞かせアプリなどの利用も広がっています。AIが親とそっくりな声を作って音読する商品も出現しました。子どもの成長にとって読み聞かせが重要だという認識が広まってきた証しでしょう。このようなサイトや機器も、方法によっては楽しく利用できるでしょう。しかし、どんなに上手な録音や動画でも本来の読み聞かせとは異なります。生の声での語りかけ、絵本を通しての親子のぬくもりとつながりを大切にしたいものです。

　お話や歌も同様です。小さい頃に聞かせてもらったお話や歌の記憶は、話の内容や絵だけでなく、そのときのぬくもりや空気感も一緒に残っています。読み聞かせは、多くの家庭や保育園・幼稚園、学校などが取り組んでいますが、お話、わらべ歌や絵描き歌、ごっこ遊びなども子どもの成長にとって必要不可欠な体験です。

第3章　乳幼児期と読書 ━━ 055

同じ本を何度も

　2歳から3歳の頃になってくると、読んでほしい本を自分で決めたり、気に入った本は何回も繰り返し読んでほしいとねだったりすることがさらに顕著になります。わが家では娘が2歳のとき、まだ文字は読めなくても毎日読んでもらっているので覚えてしまい、本をめくりながらあたかも読んでいるようにそらんじていました。

　親にとっては、何冊も読んだり同じ本を何回も読んだりすることで読み聞かせに疲れてくることもあるでしょう。近年は、保育園や幼稚園で親の読み聞かせを奨励し、熱心に読み聞かせをする保護者も増えてきました。その一方で、読み聞かせを負担に感じる保護者もいるようです。

　子どもが赤ちゃんのときは、読み聞かせの時間や本を選択するのは親でした。2歳から3歳になると、その決定権が子どもに移ってきます。何事も自らの意思でおこなうことはあまり苦になりません。しかし、子どもからせがまれて受け身で読むようになると、親も苦に感じるようになってきます。負担に感じたら、寝る前に2冊までなど、読む場面や冊数を子どもと決めるといいでしょう。

　忙しくて疲れがたまる日々のなかで、子育てがつらくなるときもあるでしょう。そんなときは、ちょっと立ち止まって子どもの視点で物事を見てみましょう。一生のうちで乳幼児期は、ほんの数年です。ですが、その数年の経験や親子の時間が子どもの人生全体に影響するかもしれないのです。そう考えて、親子で一緒に遊んだり、読み聞かせをしたりすることの意義を思い、乗り越えていくことも大切なことです。

　私は子育てのとき、童心に返って、子どもの年齢になったつもりで一緒に遊んだり絵本を読んだり歌を歌ったりしていました。部屋中にプラスチックのレールを組み立てて電車を走らせたり、積み木や身近にあるもので基地を作ったりもしました。そのなかでも『三びきのやぎのがらがらどん』の劇遊びは、子どもが大人になっても印象に残っているようです。テーブルを橋に、その下を谷に見立てて、子どもたちは谷に隠れているトロルになりました。

「かたこと、かたこと」と言いながらテーブルを鳴らすと子どもたちは「誰だ、俺の橋をかたこと鳴らすのは」と言います。最後にいちばん大きいヤギのがらがらどんが登場すると、「わあ、きゃあ」と叫び、それが特に楽しかったようです。同じ遊びを何回も繰り返しました。

5　集団での読み聞かせ

　保育園や幼稚園では、集団で教員やボランティアの読み聞かせを聞くことになるでしょう。集団での読み聞かせは、隣同士の肩と肩が触れ合うか触れ合わない程度に集まって聞くのがいいでしょう。聞き手同士の息遣いがお互いに伝わり、級友と一緒に聞くことも家とは別の居心地のよさではないでしょうか。
　子どもたちが床に座って、読み手は椅子に座る。または、子どもたちが椅子に座っている場合や、人数が多くて読み手が椅子に座ると後ろの子まで見えないような場合は、立って読むこともあるでしょう。少し高めの椅子に座

るのもいいでしょう。

　お話を聞くことに慣れていないと、落ち着いて聞けない子もいるでしょう。集まってさえこない子もいるかもしれません。声をかけると集合する子は問題ありませんが、読み聞かせを始めてから、声が耳に入り、興味をもって途中で入ってくる場合がよくあります。保育園や幼稚園では、そのような園児は教員が膝に乗せている場合がよくあります。

　読み方は、内容を自分なりにイメージ化し、適度な音量で滑舌よく、必要な間をあけて、ややゆっくり読むといいでしょう。情景や心情を表現することは大切ですが、強調しすぎたりアニメ声になったりすると、子どもが絵本の世界に入れなくなってしまい、むしろ読み手のパフォーマンスを楽しむ場になってしまいます。実際に私も、子どもたちと一緒にパフォーマンスが上手な人の読み聞かせを聞いたことがあるのですが、読み手の動きや表情に目が向いてしまい、本の内容が頭に入ってきませんでした。いまでも、絵本の中身ではなく、その人のパフォーマンスばかりが印象に残っています。作品世界を大切にして、読み手が演じるのではなく、ともにその本を読むというようにしましょう。

　表紙や表題紙については、書名だけでなく、著者名も読み、見返しもしっかり見せ、裏表紙まで見せて終わりにします。表紙と裏表紙でまとめて一続きの絵になっている場合は、本を開いて表紙と裏表紙を一緒に見せます。

新しい本を読むときは、事前にしっかり開いて、開き癖をつけておきます。持ち方は、読み手が陰にならないように持ちます。普通、本の下の部分を持ち、ページをめくるときもなるべく手の陰にならないようにします。

　近年はプロジェクターで絵本を映しながら読む人がいますが、聞き手にとって、いままで述べてきたような読み聞かせとは異なる体験になってしまいます。同様に、小道具や音楽を使う方法も別の効果は期待できますが、こうなるともう読み聞かせとは異なる読書活動です。このような活動は、園や学校での楽しい読書活動の一つとして別個に位置付けるといいでしょう。

6　ストーリーテリング

　まだ絵本や読み物が普及していなかった時代、親から子へ、子から孫へと昔話が語り継がれてきました。それぞれの家に伝わるお話もあるでしょうし、家族や教員の子ども時代の話もあります。聞き手である子どもの反応を見て、子どもとの対話も交えて話すこともあるでしょう。

　子どもにお話を聞かせたり会話をしたりすることはとても大切なことですが、ここでは、公共図書館の児童サービスとしておこなわれて広まっていった、ストーリーテリングについて取り上げます。素話、お話とも呼ばれ、その場で本を読むのではなく昔話や物語を覚えて話します。アメリカで図書館学を学んできた松岡享子や渡辺茂男によって日本に紹介されました。ストーリーテリングは、耳からの読書として、文章で語られたことをイメージ化して楽しむ力が育成される読書活動と捉えることができます。

　集団でのお話会では、次ページの絵のようにろうそくに火をともして子どもたちをお話に集中させ、お話が終わると誕生月の子がろうそくの火を吹き消すことがよくおこなわれています。そのあとで会場を明るくして、読み聞かせを始めることもよくあります。

　ストーリーテリングは、耳から聞くだけでお話の世界を楽しむので、話が入り組んでいたり心象風景が語られたりしているとお話の世界を想像するの

が難しくなります。『新・こどもの本と読書の事典』では、ストーリーテリングに向いたお話の傾向として、「起承転結のはっきりしたもの」「人物設定のはっきりしたもの」「時間の経過を追って話が進むもの」(9)の3点を挙げています。ストーリーテリングに適したお話を集めた小さな本「おはなしのろうそく」(東京子ども図書館編)のなかから気に入ったお話を覚えるのもいいでしょう。

　語り方は、「ゆっくり・はっきり・ていねいに」「間を考えて」話しますが、「お話には、お話自身に本来そなわっている力があるものであるから、(略)声色(こわいろ)を使ったり、おおげさに身振り手振りをくわえたりする必要はない」(10)と、基本的には読み聞かせ同様、しっかり読み込んで、お話を自分なりに理解して自然に表現すればいいでしょう。

　松岡享子は、「よいテキストを選び、それをきちんとおぼえる」、しかし「丸暗記はいけない」と述べています。松岡の「お話のおぼえ方」を紹介し

ます。

①全体を声に出して読む

　1行か2行ぐらいいちどに頭に入れてしまえる量を頭に入れたら、目をテキストから離し、その部分を声に出して言ってみる。自分の声を自分の耳で聞くように心がける。

②話の骨組みを頭に入れる

　話を分析して、ストーリーの構成を考える。

③話を絵にする（場面ごとに）

　登場人物の姿、形だけを思いうかべるのでなく、その人たちの位置関係、動作とその速度、その人たちの気持の動き、表情、全体の情景などすべてをひっくるめて、お話が絵になって流れるように動いていく。お話をおぼえるということは、テキストのことばによってイメージを描き、そのイメージに先導させて、ことばをひきだす作業。

④仕上げをする（全体をとおして）

　全体をとおして一息に語る。[11]

　現代になって、各家庭で親から子へ語り継いできたお話は途切れてしまったのではないでしょうか。大学で聞いてみても、読み聞かせをしてもらった経験は多くの学生がもっていますが、お話を聞いたという経験はあまり耳にしません。ある小学校の教員が、「当然知っていると思っていた昔話を知らない児童が増えてきている」と話していました。各家庭で昔話を話して聞かせることがあまりされていないからではないかと考えられます。

7　昔話

昔話とは

　昔話と同じように使われる言葉に民話があります。『新・子どもの本と読

第3章　乳幼児期と読書　—— 061

書の事典』によると、民話の定義は研究者によって意見の相違があるそうですが、民話は「民衆の間に語りつがれた話」で、「昔話は話の舞台になる場所や時代も特定されないが、一般に語りの形式がととのっている。これは、語り手も聞き手もウソと承知の上で話を楽しむための約束とも考えられる[12]」と説明しています。「むかしむかし、あるところに」の話なのです。

　昔話の本や絵本は、もともと祖父母から孫子へ、村の年長者から村人や子どもたちへと語り伝えられてきた話を書き留め再話したものです。昔話は耳で聞いてわかりやすいように、ストーリー展開が単純、リズミカルな文章、登場人物や情景が明確、3つの繰り返しが多い、といった特徴があり、ストーリーテリングにも適しています。

　リリアン・H・スミスは、「昔話は、作者不明だが、文学を創りだす天分をもった民族のあいだに生まれた昔話は、真の芸術衝動の産物である。そこで、この芸術的形式は、子どもに与える訳や再話のなかに、忠実に保たれていなければならない」とし、再話に際しての近代的な口語表現が「まえのものよりも大きい明確さ単純さが、得られたかどうか」「昔の語り口を耳にこころよく感じさせる、あのなめらかな、リズムのある文体を、ぎせいにしていないかどうか」「お話の音楽的な流れをはばむぎごちない構成や無理なことばづかいをもたないかどうか[13]」を調べなければならないとしています。

昔話の残酷性

　子どもたちに自分が知っている「三びきのこぶた」のストーリーを聞くと、そのストーリーは大きく2種類に分けられます。一つは、わらの家を作った1番目のぶたは、狼にわらの家を吹き飛ばされて2番目のぶたが作った木の家に逃げ込み、2匹は木の家が吹き飛ばされると3番目のぶたの家に逃げ込みます。3番目のぶたが作った煉瓦の家は頑丈で、狼は吹き飛ばすことができません。そこで、煙突から家のなかに降りていきます。煙突の下では大鍋で湯が煮えたぎり、狼はそこに落ちて、「あちちちち」と逃げていきます。そして、狼がいなくなって、3匹で仲よく暮らすというストーリーです。

　もう一つのストーリーでは、わらの家と木の家のこぶたは、狼に食べられ

てしまいます。そして最後には、煉瓦の家の煙突から鍋のなかに落ち、狼が
こぶたに食べられてしまいます。

　このように、小さな子どもには残酷だということで本来の話を変えてしま
っている再話も広まっています。後者は、瀬田貞二訳の『三びきのこぶた』
に代表されるストーリーです。こぶたたちが家を建てたのにはわけがありま
す。瀬田は、1904年刊のイギリスのレズリー・ブルック文・画の絵本を訳
し、その冒頭の部分に関して次のように述べています。

　　　三匹の子豚がめいめいで家をたてるという前に、ここでは、どうして
　　もそうしなければならなかったわけがありました。三匹は、遊び半分で
　　はなくて、本気で自前で暮らしていかなければならなかったのです。そ
　　してこれは、食うか食われるかという、子どもにとって切実なすごい冒
　　険にみちた物語に展開していく、シリアスな契機をはらんで語りはじめ
　　られているのです。⁽¹⁴⁾

　瀬田訳の『三びきのこぶた』の冒頭は、次のような文です。

　　　むかし、　あるところに、　おかあさんぶたと、　三びきの　こぶたが
　　いました。おかあさんぶたは　びんぼうで、　子どもたちを　そだてき
　　れなくなって、　じぶんで　くらしていくように、　三びきを　よそに出
　　しました。

　おかあさんぶたは、貧乏のために子どもたちを育てきれなくなって、おそ
らく泣く泣くよそに出したのです。イギリスで伝承されてきたこの話の重み
が感じられます。

　現在入手できる瀬田訳の『三びきのこぶた』は、山田三郎が絵を描いてい
ます。3匹のこぶたの姿が服を着ていないリアルな豚の絵なのは、瀬田がブ
ルックの絵本のイメージを崩したくなかったのだろうと推察できます。また、
瀬田訳の『三びきのこぶた』では、煉瓦の家を建てたこぶたは知恵が回り、

第3章　乳幼児期と読書 ━ 063

なんとかしてこぶたを食べようとする狼の画策を、機転をきかせてうまくかわす場面が3回繰り返されます。読者はハラハラしながらも、こぶたのほうが一枚上手で、してやったりという気分になります。力強く、かつ細部まで細かく描き込んでいる山田の画力も素晴らしいです。

このような昔話の残酷性については、瀬田貞二も脇明子もリリアン・H・スミスも同様のことを述べています。瀬田は、「話の筋として、重要な場面としてのたくらみや殺人やさまざまな悪い行為は、結局、人生のいちだんと高い教訓のための布石になることも多いのですし、話としてそれを強めるのに不可欠としたら、そこをうすめたり削ったりするのは不都合です」「私たちが用心しなければならない残酷さは、その残酷さを示すときのあくどい比重のかけ方にあり、印象をそこに残す長々しい描写にあります[15]」と述べています。

脇は、幼い頃の経験を「リアルな想像などしようとは思わず、あっけらかんと楽しんでいた」「昔話のなかのいわゆる残酷な場面は、ほとんどが苦しみや悲しみをともないません」と振り返っています。そして、「まだ「子どもの身の丈」の想像力にとどまっているうちに、絵本ではなく挿絵がついた程度の昔話集で、いろんなお話に親しんでおくのがいいのではないでしょうか。そうすれば、もっとリアルな想像ができるようになっても、「むかしむかし」とはじまったとたんに「子どもの身の丈」にもどるこつが、たやすく身につくのではないか[16]」と述べています。

スミスは、「子どもの受けとり方にも、昔話の特徴的な話し方にも、とくに誰彼を指したというのでない非個人的なものがある」「聞き手の子どもにとっては、出来事がすべて物語の国、想像の国に起こるということは、了解ずみなのである。つまり、昔話の国には、話し手と聞き手のあいだに認められている、しきたりがあるのである[17]」と述べています。

昔話は、「むかしむかし、あるところに」という時代や場所を特定しない語り口で始まります。これはお話のなかの出来事だということは明白です。また、「おしまい」「どっとはらい」などの終わりを告げる言葉でお話のなかの世界から現実に帰れるということ、登場人物に感情移入する表現ではなく

話し手という第三者の視点で語られることなどから、聞いている子どもたちは昔話の残酷性をあまり感じないのではないでしょうか。個人の名前が登場したとしても、「太郎」や「次郎」は長男と次男を示すような一般的な名前で、おじいさんおばあさんと同じ意味合いです。「桃太郎」「力たろう」「三ねんねたろう」なども、桃から生まれたから、力が強いから、3年も寝ていたからという登場人物の特徴を表しただけの名前です。

「絵空事」の世界だからあまり残酷性を感じないという経験は現代にもみられます。テレビや映画の「娯楽時代劇」のなかのチャンバラもお話のなかの出来事で、人を殺すという残忍な内容なのに、視聴者がさらっと見てしまう表現になっています。逆に映像作品のなかには、映像だからこそ、制限はありますがあえて目を背けたくなるような表現をしている作品もあります。

創作民話はどうでしょう。例えば、斎藤隆介作『八郎』は、八郎潟に沈んだ八郎という人物が主人公で、その風貌も心情も詳しく語られ、感動的な最後は涙さえ誘います。まさに民話という手法を使った優れた文学作品です。

読み継いでいきたい昔話

昔話が口承で語り継がれていた頃、多くの人々の暮らしぶりは、つねに生と死が隣り合うようなものだったはずです。食べることもままならない日も多かったでしょう。そんななかで語り伝えられてきた昔話には、語り継いできた人々の思いが詰まっています。必ずしも子どものためのものではありませんでした。それらを拾い集めてグリム兄弟やシャルル・ペローが文章に書き直しました。日本では『今昔物語』が有名です。

明治になり、日本初の児童文学とされている『こがね丸』を刊行した巌谷小波が、『日本昔話』『日本お伽噺』など、東西の昔話・童話の再話集を刊行しています。いま多くの子どもたちに読み継がれている昔話は戦後に出版された昔話・民話の再話が中心で、これからも読み継いでいきたい貴重な文化的財産です。

1955年には、木下順二が『ききみみずきん』を未来社から出版しました。瀬田貞二は、65年にノルウェーの昔話『三びきのやぎのがらがらどん』を

第3章　乳幼児期と読書　065

翻訳出版し、さらに『かさじぞう』『おおかみと七ひきのこやぎ』『ふるやの
もり』など多くの昔話絵本を世に送り出しました。石井桃子は53年に『ふ
しぎなたいこ』を、松谷みよ子は67年に『やまんばのにしき』、69年に『ゆ
きおんな』を出版しました。『スーホの白い馬』の赤羽末吉や『さんまいの
おふだ』の梶山俊夫など、絵本の画家にも注目したいです。大川悦生は、
67年に『三ねんねたろう』を出版しています。大川の再話も『こぶとり』
『いっすんぼうし』『さるじぞうほいほい』など、いまも読み継がれています。
　すべては紹介しきれませんが、ざっと挙げても名著ばかりです。出版から
半世紀以上が経過していますが、この先も多くの子どもたちに読み継いでい
ってほしい作品ばかりです。

8　文化に出合う機会を

本以外の文化

　人間は、ほかの動物と比べると未発達な状態で生まれてきます。そして、
長い時間をかけて成長していきます。生まれてからその人生を全うするまで、
人間は成長していきます。生まれたときに、反射や消化・吸収・排泄など生
物として生きるための最低限の仕組み以外ほとんど備わっていないというこ
とは、その後の成長の幅がどれほど大きいかということでもあります。どの
ように成長していくかは、周りの人間や環境からのはたらきかけによります。
しかし、望んだような結果になるとはかぎらないのが人間です。子どもにと
ってよかれと思った環境やはたらきかけが、大人の思いの一方的な押し付け
にならないように気をつけることも大切です。広い意味では、周りの大人の
存在は、子どもの成長にとって環境の一つともいえるでしょう。子どもたち
が育つ環境を整えることは、社会にとっても周りの大人としても重要なこと
です。
　第1節で「繊細な感覚をテレビなどの機械音や極彩色で壊したくない」と
述べましたが、日常生活での話しかけや絵本の読み聞かせ、子守歌を歌うこ

と、歌いながら遊ぶことなどは進んでおこないたいものです。

　幼児期になれば、素話も理解できるようになってきます。ストーリーテリングとまではいかなくても、お話もしてあげるといいでしょう。さらに、音楽、演劇、絵画など多くの文化に接する機会も子どもの感性を育てます。テレビやインターネットの動画配信、DVDなど映像メディアが発達している現代だからこそ、生の音楽や演劇、絵画なども肌で感じさせてあげたいです。音楽は、幼児や小学生が楽しめるファミリーコンサートのような企画があれば利用しましょう。人形劇や児童劇などの観劇を企画している公共図書館や自治体もあります。毎年1回ぐらい出かけるだけでも幼児期の思い出として記憶に残ります。たとえ、何を見たか、どこに行ったか具体的なことは忘れてしまっても、その子の人間形成には必ず関わっています。子どもたちにとって、健康で楽しい日常に加えて、文化環境を整えることもおろそかにしてはいけないのだと認識することが大切です。

読書で伝える文化

　読書も同じで、小さい頃から本に親しみ、紙の本のよさを肌で感じさせてあげたいものです。

どんな本と出合ってほしいかという点も大切です。脇明子は、生きていくために必要な生活文化を受け継ぎ、手渡していくことの大切さを述べています。「かつては子どもたちのまわりにたくさんの大人たちがおり、その大人たちが、昔話や思い出話だけでなく、生活上のさまざまな技術や、動植物や天候についての知識などを、子どもたちに直接伝えてくれていた」「その大人たちが、いまの大人たちのようにバラバラに存在しているのではなく、密接なつながりを持って共同体を形作り、生活文化と言えるものを共有していた」とのことです。教育についても、「「伝える場」「手渡す場」でもあることを忘れ、子どもたち自身がより幸せな人生を獲得することばかりを願うようになってしまいました[19]」と述べています。そして、私も含めていまの大人たちは、手渡していくべきものを引き継いではいないのです。

　しかし、先人の文化を受け継ぎ、それを手渡していく方法があります。その方法の一つが読書です。同書で脇は、次のように述べています。

　　暮らしを支える文化というものの全体像がなんとなくわかり、それを伝えることの大切さが身にしみているのは、いろんな国の人々の暮らしを背景にした優れた児童文学、たとえばワイルダーの『大草原の小さな町』や、ド・ヨングの『あらしの前』のような作品を、たっぷりと読んできたからだと思います。

　　ほんとうにすばらしい本は、読む人を自分だけの世界にとじこもらせるのではなく、書き手と読み手とを人間的な共感でつなぎ、何か大切なものを受け取ったことによって開かれた新しい目で、まわりの世界を見直すように促します。かつての生活文化を支えていた人間同士の直接的なつながりが崩壊しつつあるいま、本を媒介として生まれるそうしたつながりは、地球全体にまたがる大きな社会を支える力を育てる上で、ひじょうに重要な意味を持つのではないでしょうか。[20]

リリアン・H・スミスは、「よい作品に具わっている特質とは、文学的な

価値のことである」と述べています。そして、文学的価値とは、「どのようにその題材が表現されるかということのほうが大事だ」と表現力を重視していますが、「作者の考えの質、かれの築く構成の確実さ、かれのことばの表現力、この三つが、かれの文学的な質を大きく決定する」としています。

瀬田貞二は、「すぐれた絵本につちかわれた土壌は、のちによい鉱脈になること。すぐれた絵本で出発した道は、自由な読書の大道につながること」「幼い子どもたちは、成長することを仕事にしています」「だから幼い子たちが絵本のなかに求めているものは、自分を成長させるものを、楽しみのうちにあくなく摂取していくことです」と述べています。

このようにたどっていくと、大人が子どもに与える本は、「成長の糧になるような本でなければならないのか」「ただただ楽しい本だっていいではないか」という意見が聞こえてきそうです。「成長の糧になるような本」のなかには、堅苦しくておもしろくない本もあります。「ただただ楽しい本」も

第3章　乳幼児期と読書　069

子どもの成長には大事で、素晴らしい本がたくさんあります。ポール・アザールは、その著書『本・子ども・大人』の第1章を「大人が長いあいだ子どもを圧迫したこと」と題して、「ただ小才をきかして物語を器用にまとめあげ、子供に消化の悪い、にせの読み物を与えて、若い魂を歪めたり、ひとかどの道徳家のような顔をして、教訓とか知識とかを大安売りしたり、さらには短所、欠点を長所、美点と思い込ませて、子どもたちを誤らせてしまうようなことだけは、どうしても許すことができない」と結んでいます。

　実際、世の中には、多く売るために計算しつくされた本や安易すぎるのではないかと思うような企画の本などもたくさん出版されています。書店の児童書コーナーは玉石混交です。

　読者は子どもで、購入者は大人です。幼い子どもの本を買うとき、購入する本を選択するのは大人ということが一般的でしょう。子どもにどんな本を与えるかは、大人の好みや判断に委ねられるわけです。やはり、自分がいい本だなあと思って子どもと一緒に読みたいと思う本がいちばんです。学習を目的にした本となると話は別ですが、子どものために「いい本」を与えるとき、文字や数を覚えさせるためやしつけのために選書するのではないということです。子どもたちにとって、ただただおもしろい、楽しい本も大切です。とはいえ、読書も一つの文化ですから、文化の継承者である子どもたちにいい本と出合ってほしいものです。

　一定の評価を得て長く読み継がれているロングセラーといわれる本は、これからも子どもたちに読み継いでいってほしいです。新刊は、公共図書館の「新刊案内」が参考になるでしょう。公共図書館の本は、図書館員が選書会議で検討して購入している本ですから、大いに図書館を利用しましょう。図書館でたくさんの本と出合い、そのなかでお気に入りの本はぜひ購入してあげましょう。子どもにとって自分だけの本は特別です。前章で述べたように、家のなかに本があるということも子どもの成長にとってプラスの影響を与えます。

9　この時期にお薦めの本

　近年は、いろいろな本が出版されています。あれもこれも紹介したいところですが、ロングセラーを中心に少しだけ紹介します。昔話もぜひ読んであげてください。

0歳から

『いないいないばあ』 松谷みよ子文、瀬川康男絵
　生まれて初めての本として出産祝いに贈る人も多いです。「いないいない」と言ってから「ばあ」と本をめくったときに子どもが見せる反応は、親もずっと覚えています。

『いないいないばあ』
松谷みよ子文、瀬川康男絵
（松谷みよ子 あかちゃんの本）、童心社、1967年

『おふろでちゃぷちゃぷ』 松谷みよ子文、いわさきちひろ絵
　いわさきちひろの絵とリズミカルな文でお風呂が好きになりそうです。親も癒やされます。

『おふろでちゃぷちゃぷ』
松谷みよ子文、いわさきちひろ絵（松谷みよ子 あかちゃんの本）、童心社、1970年

第3章　乳幼児期と読書　　071

『くだもの』平山和子作
　本物と見まがうような果物の絵。丸ごとの果物の絵をめくると、食べるばかりに切ったり皮をむいたりした絵。「さあどうぞ」と差し出しながら食べるまねをして遊ぶこともできます。

『くだもの』
平山和子作（福音館の幼児絵本）、福音館書店、1981年

『がたん ごとん がたん ごとん』安西水丸作
　シンプルな絵と「がたんごとん　がたんごとん」「のせてくださーい」とリズミカルな繰り返しが心地いい絵本です。

『がたん ごとん がたん ごとん』
安西水丸作（福音館あかちゃんの絵本）、福音館書店、1987年

『どうぶつのおやこ』藪内正幸画
　写実的でかつ温かみがある、動物たちの親子の絵だけでできた本です。赤ちゃんが指さした動物の名前を、親が教えてあげることでも楽しめます。

『どうぶつのおやこ』
藪内正幸画（福音館あかちゃんの絵本）、福音館書店、1966年

2-3歳から

『サンドイッチ サンドイッチ』小西英子作

　おいしそうなサンドイッチが本のなかで作られます。この本は、声に出して読み聞かせるとリズミカルな文体が生きて、作品のよさが際立ってきます。

『サンドイッチ サンドイッチ』小西英子作（福音館の幼児絵本）、福音館書店、2008年

『あおくんときいろちゃん』レオ・レオーニ作、藤田圭雄訳

　レオ・レオーニの最初の絵本で傑作の一つです。ちぎり絵の丸だけなのに、この丸に感情移入してしまうことが不思議です。

『あおくんときいろちゃん』レオ・レオーニ作、藤田圭雄訳、至光社、1967年

『はなをくんくん』ルース・クラウス文、マーク・シーモント絵、きじまはじめ訳

　モノクロの絵で、白い雪のなかを冬眠から目覚めた動物たちが次々と走りだします。みんなが向かった場所には、一輪の黄色い花が咲いていました。絵本の世界は奥深いです。

『はなをくんくん』ルース・クラウス文、マーク・シーモント絵、きじまはじめ訳（世界傑作絵本）、福音館書店、1967年

第3章　乳幼児期と読書　　073

『ぞうくんのさんぽ』なかのひろたか作・絵、なかのまさたかレタリング

　ぞうくんの上にかばくん、その上にわにくん、その上にかめくんが乗ってお散歩。かめくんが乗ったら、「いけのなかに　おっこちた」。それでも「みんなごきげん」。続きともいえる内容で『かめくんのさんぽ』が2019年に出版されました。

『ぞうくんのさんぽ』
なかのひろたか作・絵、なかのまさたかレタリング（こどものとも絵本）、福音館書店、1977年

『てぶくろ　ウクライナ民話』エウゲーニー・M・ラチョフ絵、うちだりさこ訳

　森のなかに落としてしまったおじいさんの手袋に、いろいろな動物が「ここにすむことにする」と入り込みます。場面ごとに変化する手袋の「家」に違和感をもたないのがこの絵本の力です。劇遊びにもぴったりです。

『てぶくろ　ウクライナ民話』
エウゲーニー・M・ラチョフ絵、うちだりさこ訳（世界傑作絵本）、福音館書店、1965年

4-5歳から

『ねずみくんのチョッキ』なかえよしを作、上野紀子絵

　ねずみくんのチョッキをあひるくん、さるくん、あしかくんと少しずつ大きな動物が「ちょっときせてよ」「すこしきついがにあうかな」と、着ていきます。とうとうぞうさんまでも。最後の落ちがなんともほのぼのです。

『ねずみくんのチョッキ』
なかえよしを作、上野紀子絵（絵本のひろば）、ポプラ社、1974年

『**おだんごぱん ロシアの昔話**』せたていじ訳、わきたかず絵

　おばあさんが焼いたおだんごぱんは、窓で冷やされているうちに退屈になって、外へと転がっていきます。うさぎ、おおかみ、くまと、出会った動物たちに歌を歌うことで食べられずに転がっていきます。リズミカルな表現と歌、最後の落ちは秀逸です。

『おだんごぱん ロシアの昔話』
せたていじ訳、わきたかず絵（日本傑作絵本）、福音館書店、1966年

『**はらぺこあおむし**』エリック＝カール作、もりひさし訳

　幼少期に誰もが知っていてほしいエリック・カールの代表作です。読み聞かせのあとは、ひとりで楽しめる子も多いと思います。

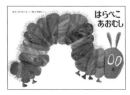

『はらぺこあおむし』
エリック＝カール作、もりひさし訳、偕成社、1976年

『**からすのパンやさん**』かこさとし作・絵

　かこさとしの本は、『にんじんばたけのパピプペポ』や『どろぼうがっこう』など読んでほしい作品がたくさんあります。『からすのパンやさん』の最大の魅力は、なんといってもいろいろなパンが見開きにびっしり描かれたページでしょう。

『からすのパンやさん』
かこさとし作・絵（かこさとし おはなしのほん）、偕成社、1973年

第3章　乳幼児期と読書　　075

『おおきな おおきな おいも』市村久子原案、赤羽末吉作・絵

　鶴巻幼稚園・市村久子の教育実践を原案にした、「おいもほり」の季節にぜひ読んであげたい一冊です。雨で芋掘りに行けなくなった園児たちが大きな絵を描きながら想像を膨らませます。

『おおきな おおきな おいも——鶴巻幼稚園・市村久子の教育実践による』赤羽末吉作・絵（福音館創作童話）、福音館書店、1972年

『さつまのおいも』中川ひろたか文、村上康成絵

　この絵本も芋掘りの季節にぜひ読んであげたいです。土のなかのおいもたちの暮らしや子どもたちとの勝負に笑ってしまいます。

『さつまのおいも』中川ひろたか文、村上康成絵（ピーマン村の絵本たち）、童心社、1995年

注

(1) 松井直『絵本は心のへその緒——赤ちゃんに語りかけるということ』ブックスタート、2018年、39 - 40ページ
(2) NPOブックスタート「ブックスタートとは」（https://www.bookstart.or.jp/bookstart/）［2024年7月25日アクセス］
(3) NPOブックスタート編著『赤ちゃんと絵本をひらいたら——ブックスタートはじまりの10年』岩波書店、2010年
(4) 同書171ページ
(5) NPOブックスタート「全国の実施状況」（https://www.bookstart.or.jp/coverage/）［2024年7月25日アクセス］
(6) NPOブックスタート「「赤ちゃんへの絵本贈呈事業」に関する全国調査

2022」（https://www.bookstart.or.jp/3668/）［2024年7月25日アクセス］

(7) 東京都新宿区「第五次新宿区子ども読書活動推進計画」59ページ

(8) 浜松市立図書館「ブックスタート」（https://www.lib-city-hamamatsu.jp/service/jidou/bookstart/index.html）［2024年7月25日アクセス］

(9) 高桑弥須子「ストーリーテリング」、黒澤浩／佐藤宗子／砂田弘／中多泰子／広瀬恒子／宮川健郎編『新・こどもの本と読書の事典』所収、ポプラ社、2004年、195ページ

(10) 同書195ページ

(11) 松岡享子『おぼえること 新装版』（「レクチャーブックス・お話入門」3）、東京子ども図書館、2018年、8 − 37ページ

(12) 樋口淳「伝承文芸」、前掲『新・こどもの本と読書の事典』所収、76ページ

(13) リリアン・H・スミス『児童文学論』石井桃子／瀬田貞二／渡辺茂男訳（岩波現代文庫）、岩波書店、2016年、88 − 89ページ

(14) 瀬田貞二『瀬田貞二 子どもの本評論集　絵本論』福音館書店、1985年、40ページ

(15) 同書181ページ

(16) 前掲『読む力は生きる力』94 、96 − 97ページ

(17) 前掲『児童文学論』95ページ

(18) 私市保彦「こどもの本──歴史と現状、海外と日本」、前掲『新・こどもの本と読書の事典』所収、12 − 13ページ

(19) 前掲『読む力は生きる力』3 − 14ページ

(20) 同書13、14 − 15ページ

(21) 前掲『児童文学論』46 − 49ページ

(22) 前掲『瀬田貞二 子どもの本評論集　絵本論』34 − 35ページ

(23) ポール・アザール『本・子ども・大人』矢崎源九郎／横山正矢訳、紀伊國屋書店、1957年、66ページ

第4章

小学校低学年(1年生・2年生)の読書
——本に親しむ

1 「本を読みなさい」と言わないで

1年生になっても読み聞かせを

よく聞かれる質問に「読み聞かせは、いつぐらいまですればいいでしょうか」というものがあります。答えは、「子どもが読んでほしければいつまでも」です。また、「小学校に入学して文字を学習したのだから、もう読み聞かせは卒業で、これからは自分で本を読む年齢」と考えている人もいるかもしれません。文字を学習したからといって、自力で読書を楽しめるようになるにはそれなりの時間を要します。

前述したように、幼児は何回も繰り返し同じ絵本を読み聞かせてもらって、内容を覚えてしまい、ページをめくって絵を見ただけでその場面のお話がみるみるよみがえり、まるで読んでいるようにそらんじることがあります。小学校低学年の児童は、読み聞かせてもらった本を今度は自分で読んでみることを繰り返すようになります。私がロシアの昔話の『おだんごぱん』のエプロンシアターをしたときのこと、絵本の『おだんごぱん』も紹介したのですが、その後、私が話して聞かせた口調そっくりに同じ本を読んでいる1年生の姿がありました。

学級で読み聞かせをする場合は、読み聞かせのときの並び方をあらかじめ決めておくと、自分たちでさっと座って聞く態勢になることができます。集団に読み聞かせる絵本は、一般に遠目がきく絵の絵本がいいとされます。とはいえ、繊細な絵や細かい描写の絵が描かれた絵本でも、「あとで手に取っ

て見てね」などと断っておいて、読み聞かせのあとで個人個人で絵もじっくり見ながらひとりで読むことがあっていいと思います。

　子どもと本をつなぐ読書活動はたくさんありますが、小学校低学年では読み聞かせをいちばん重視したいものです。

文章が読めるようになるまで

　第1章でふれましたが、文字を覚えてから文章が読めるようになるまでには、いくつかの段階があります。

　まず、記号である文字を文字として認識することから始まります。「あ」は、「ア」と読むのだという認識です。次に、その文字を組み合わせることによって単語ができます。「あ」と「め」で、「あめ」という単語になります。ひらがなを覚えたての頃は、1字ずつしか認識することができません。「あ」「め」「が」「ふ」「つ」「て」「い」「ま」「す」と1字ずつ読んでも意味がわかりません。慣れてくると一度に目に入ってくる文字の数が増えていき

ます。「あめ」という2字が目に入れば、「雨」か「飴」を思い浮かべるでしょう。さらに「あめが」「ふって」「います」と3字ずつ認識できると、「雨が降っています」だと認識できます。

　小学校低学年では音読も大切です。教科書を音読し、絵本を読み聞かせてもらって親しむことを通じて、最初のうちは1文字ずつしか目に入らなくても、次第に2文字、3文字と、一度に目に入る、つまり認識できる文字数が増えていきます。単語から文節、文節から文、文から文章へと目に入ってくる文字の数が増え、認識のスピードが速まっていきます。いわゆる拾い読みでは書いてあることが理解できませんが、文が読めるようになると文の意味もわかるようになります。そうすると読むことが楽しくなるのです。

　ひらがなやカタカナを学習しても、文章が読めるようになるまでには「慣れ」が必要です。そのためには時間をかけてトレーニングする必要があります。

大切な日常の生活経験

　子どもたちは、幼少期の読み聞かせや日常生活のなかで学習のための土台になるものをたくさん獲得していきます。学校生活のことを考えると、入学前に自分の名前だけでも読めるようになっていてほしいです。机上で文字を覚えることや計算ができることよりも日常生活のほうが大切です。そして、

幼児期に引き続き、小学校に入学してからも日々の生活経験を大事にしたいものです。

例えば、計算に関しては、5という数を絵として脳裏に思い描けるようになっていることが基本です。お菓子でも何でも、1個と4個、2個と3個で5個あることが映像としてわかっているということです。「いち、に、さん」と数えなくても、ぱっと見ただけで5個あると認識することは、文字を一度に読むことに似ているかもしれません。もう一歩進むと、5個をひとかたまりとして、5個と1個で6個、5個と2個で7個、5個と3個で8個、5個と4個で9個と認識できるようになります。このように、数を順番ではなく量として捉えることができていると、計算の壁がぐんと低くなります。そのほか、算数では、一対一対応で比べてみることと仲間分けの考え方が大事です。例えば、「みかんが7つ、りんごが5つあります。どちらがどれだけ多いでしょうか」という問題があったとします。みかんからりんごは引けませんが、みかんとりんごがあり、それを1つずつ「組」にすれば、みかんの数からりんごの数を引けばいいことがわかります。

時計の読み方がどうしても理解できない児童がいました。実は、その児童は時間の感覚が育っていなかったのです。朝は、ひとりでに目が覚めるか起こされるかで目覚めます。登校は、兄や姉が出かけるときに一緒に出かけます。プールに行くときも兄か姉と一緒です。夕食の支度ができれば夕食を食べ、家族が見ているテレビ番組を一緒に見て、お風呂に入るのも眠りに就くのも同じ調子で、日常生活で何一つ時間を気にしないで生活してきたのです。起きる時刻も寝る時刻も、朝家を出る時刻も、プールに行く時刻も知りませんでした。テレビ番組でさえ、何曜日の何時の番組を見ているか意識していませんでした。

生活科では、「気づき」ということを大切にしていますが、日常生活でいろいろなことに気づき、興味をもつことは、探究的な学習にもつながる重要なことです。学校でのこと、学校の行き帰りでのこと、家でのこと、いろいろなことを聞いてあげることも大切です。小学校に入学してからも、顔を見て話を聞いてあげたり、読み聞かせやお話をしてあげたりしましょう。

第4章　小学校低学年（1年生・2年生）の読書　＝＝ 081

2　学校での読書指導

　個人の読書は、好きな時間に好きな本を読む姿が思い浮かびますが、第2章で述べたように読書は学校教育での指導事項になっています。学習指導要領の国語には、読書の指導目標と内容が示されています。

　小学校低学年の国語で、読書の目標は「言葉がもつよさを感じるとともに、楽しんで読書をし、国語を大切にして、思いや考えを伝え合おうとする態度を養う⁽¹⁾」とされています。この文では、「言葉がもつよさを感じること」「楽しんで読書をすること」「国語を大切にして、思いや考えを伝え合おうとすること」という3つのことを述べています。国語での読書は、ただ楽しんで読めばいいのではなく、「言葉がもつよさを感じるとともに、楽しんで読書」をすることで、「国語を大切にして、思いや考えを伝え合おうとする態度を養う」ということが重要です。

　学習指導要領では、指導内容や活動例も示しています。整理すると以下のようになります⁽²⁾。

　　小学校学習指導要領（平成29年告示）での読書の目標と内容
　　目　標　・言葉がもつよさを感じるとともに、楽しんで読書をし、国語
　　　　　　　を大切にして、思いや考えを伝え合おうとする態度を養う。
　　内　容　・読書に親しみ、いろいろな本があることを知ること
　　活動例　・昔話や神話・伝承などの読み聞かせを聞くなどすること
　　　　　　・長く親しまれている言葉遊びを知ること
　　　　　　・事物の仕組みを説明した文章などを読むこと
　　　　　　・読み聞かせを聞いたり物語などを読んだりして、内容や感想
　　　　　　　などを伝え合ったり、演じたりすること
　　　　　　・学校図書館などを利用し、図鑑や科学的なことについて書い
　　　　　　　た本などを読み、分かったことなどを説明すること

さらに読書について、以下のように解説しています。

　読書は、国語科で育成を目指す資質・能力をより高める重要な活動の一つである。自ら進んで読書をし、読書を通して人生を豊かにしようとする態度を養うために、国語科の学習が読書活動に結び付くよう発達の段階に応じて系統的に指導することが求められる。なお、「読書」とは、本を読むことに加え、新聞、雑誌を読んだり、何かを調べるために関係する資料を読んだりすることを含んでいる。[3]

　読書の指導は、このような国語科での指導を中心に、各教科や学級活動・全校活動など学校教育全体でおこなっていきます。情報機器を駆使する世の中になっても読書は大切です。小学校低学年では、紙の本の読み聞かせを聞くこと、紙の本を見たり読んだりすること、紙の本で調べること、さらに自分の体験や経験を大切にすることが特に重要です。
　また、好きな本を読むことは読書の基本ですが、大人が指導をしなければ、一度おもしろいと思った本以外は読まなかったり、同じシリーズや同じようなジャンルの本から抜け出せなくなったりするケースも出てきます。もちろん、同じ作者の本や同じシリーズの本などの「お気に入り」ができることは大切ですが、国語の授業や学校生活のさまざまな場面での読み聞かせや本の紹介などでいろいろな本との出合いを作ることはとても重要です。

3　本に親しむ

本に親しむ

　小学校低学年では、学校でも家庭でも本に親しむことが大切だといえるでしょう。ここで、あえて「読書に親しむ」と書かなかったのは、紙の本を重視したいからです。
　自分で読めるようになったら、昔話やお話の絵本はもちろん、眺めている

第4章　小学校低学年（1年生・2年生）の読書　083

だけで楽しめる本でも仕掛け絵本でも「本って楽しいな。おもしろいな」と感じ、本を好きになることが大事です。図鑑や写真絵本、動植物の優れた細密画にもぜひ親しんでほしいです。ただし、自分で読めるようになったからと大人が目を離すことはせず、読み聞かせをしたり一緒に読んだりして「いい絵本」との出合いをなくさないようにしてください。

では、どんな本が「いい本」なのでしょう。本の評価は個人によって異なります。そういう意味では、親や教員がその子に好きになってほしいと思う本と言い換えてもいいでしょう。

しかし、小さいときに与えられた本は、その子の成長に関わります。その子の好みが作られるかもしれません。第3章で述べたように、「子どもの文化」として評価できる本には率先して出合わせてあげましょう。もちろん「いい絵本」とは、ためになるとか知識の本とかではありません。教訓を押し付けるような本は「いい本」とは呼べないでしょう。本は心の栄養になります。おいしいもの、体にいいものを食べさせてあげるように、「おいしい」本、「心にいい」本と出合わせてあげたいものです。国語の教科書は、本を読んだり読んだ本を紹介したりする単元を設定してお薦めの本を紹介していますが、親や教員が子どもの本に親しむことも大切です。

ナンセンス物・ナンセンス絵本

「ナンセンス物・ナンセンス絵本」と呼ばれるようなユーモアにあふれた本は、どう評価すればいいのでしょうか。

10年ぐらい前になりますが、先輩の教員が言った言葉が印象に残っています。「最近、ファンタジーが読めない中・高生が増えているそうです。ファンタジーは絵空事だと言って楽しめない。これは、小さい頃にナンセンス物に出合わず、現実には起こりえないことを架空の世界で楽しんだ経験がないのだと思います」という内容でした。

子どもたちはユーモアあふれる作品が大好きです。「ナンセンス物・ナンセンス絵本」の定義は難しいですが、子ども向けの奇想天外な作品、ユーモアにあふれた作品は、膨大に出版されています。『キャベツくん』や『ゴム

あたまポンたろう』など長新太の作品、「たまごにいちゃん」のシリーズ（あきやまただし作・絵）、「ねこざかな」のシリーズ（わたなべゆういち作・絵）、『うどんのうーやん』『ちくわのわーさん』など岡田よしたかの作品、「パンどろぼう」のシリーズ（柴田ケイコ）、「かいけつゾロリ」のシリーズ（原ゆたか作・絵）、「キャベたまたんてい」のシリーズ（三田村信行作、宮本えつよし絵）、「おしりたんてい」のシリーズ（トロル作・絵）、『だるまさんが』や『おもちのきもち』などかがくいひろしの作品、……と列挙しきれません。『へんしんトンネル』に始まる「へんしん」シリーズ（あきやまただし作・絵）は、言葉遊びの本としても子どもたちは大好きです。

　奇想天外な話やユーモアあふれる作品は、読者を元気にするのではないでしょうか。子どもたちは、本のなかだけのお話、架空の世界で思い切り楽しんで遊びます。子どもたちが笑顔になり、笑顔にしてくれる本を好きになってくれればうれしいことです。

　このような本のなかには、大勢で回し読みするには製本が耐えない本もあります。付録が付いているとか、個人で楽しむような装丁の本もあります。学校図書館で購入する際には、予算や蔵書のバランスも考えて、じっくり検討・選書をしてからになるでしょう。子どもたちが大人になって、「あの頃夢中になって読んだなあ」と言える本が学校図書館や近隣の図書館にあることは大切です。「ナンセンス物・ナンセンス絵本」と呼ばれるような本も学校図書館や近隣の図書館で読めるようにしておきましょう。そして、お気に入りは、やっぱり購入して自分の本にすることが理想です。

4　幼年童話などに親しむ

　絵本から物語の本への橋渡しとしてぜひ親しんでほしいのが、幼年童話など文字が大きく絵もたくさんある低学年向けの読み物です。

　絵本は、文字の字体や位置などを考えて構成され、絵と文が一体になって作品世界を作り出しています。幼年童話など幼児や低学年向けの読み物は、

第4章　小学校低学年（1年生・2年生）の読書　　085

大きな文字で分かち書きになっています。表記のほとんどがひらがなで、漢字にはたいていルビがふってあります。絵と文章が一体になっているページもありますが、文章だけのページだったり絵だけのページだったりする構成が多いです。見開きの両ページが文章だけ、別のページは見開きで絵だけという本もたくさんあります。家庭では、絵本と同じように一緒に本を見ながら読み聞かせればいいでしょう。学級など集団に読み聞かせる場合は、文章だけのページにくると、文字だけだと確認してもらう意味で最初だけページを子どもたちのほうに向け、そのページは見せずに読み、絵のページになったらそれをしっかり見せる方法もあります。

　小学校での実践を紹介します。6月末から7月初め、1年生が一通りひらがなを覚えた頃、低学年向けの読み物を学校図書館の机いっぱいに置いて、何冊か紹介します。そして、「今日は、このなかからも1冊は選んで借りよう」と促します。みんな興味をもって借りる本を選んでくれます。なかには、「1冊でなくて、もっと借りたい」と言う子もいます。本は、児童数以上にたくさん所蔵しておきたいものです。

　学校によっては、「1年生から読める本」には所在記号のラベル以外に色シールを背表紙に貼っている学校もあります。「低学年向けの読み物」として別置している学校図書館もありますが、対象学年以外の児童が利用しにくかったり、ラベルと排架場所が異なったりとマイナス面もあるようです。工夫は大切ですが、その工夫が効果的かどうか、学校図書館の目的や機能に反していないかどうか検証する必要があります。

　あるとき、「かいけつゾロリ」シリーズが大好きな男児がもうすぐ2年生になる頃、「ゾロリは、もう、全部読んじゃった」と言ってきました。そこで、次に薦めたのが「モンスター・ホテル」のシリーズ（柏葉幸子作、高畠純絵）です。「そのあとは?」と聞くので、ちょっと字が小さくなるけれどと、「ぞくぞく村のおばけ」シリーズ（末吉暁子作、垂石眞子絵）を紹介しました。「そのあとは?」と聞くので、「はれぶた」シリーズ（矢玉四郎作・絵）も紹介しました。その子は、「モンスター・ホテル」の次は「ぞくぞく村」、その次は「はれぶた」、と目標をもったようです。

『スパゲッティがたべたいよう』などの「アッチ・コッチ・ソッチの小さなおばけ」シリーズ（角野栄子作、佐々木洋子絵）は、かわいいお化けが主人公のお話です。また、寺村輝夫の作品で『ぼくは王さま』などの「王さま」シリーズ（和歌山静子絵）、『こまったさんのスパゲティ』などの「おはなしりょうりきょうしつ」のシリーズ（岡本颯子絵）、『わかったさんのクッキー』などの「わかったさんのおかし」シリーズ（永井郁子絵）も人気です。

『きいろいばけつ』などの「きつねの子」のシリーズ（もりやまみやこ作、つちだよしはる絵）は、やさしい気持ちになってほっこりします。『れいぞうこのなつやすみ』と『ランドセルのはるやすみ』（ともに村上しいこ作、長谷川義史絵）は奇想天外な作品で、「わがままおやすみ」シリーズとしてほかに何冊か出版されています。

　絵本や幼年童話で文章を読むことに慣れてきたら、少し長い作品も読んでほしいです。『いやいやえん』（中川李枝子作、大村百合子絵）や『ももいろのきりん』（中川李枝子作、中川宗弥絵）、『なぞなぞのすきな女の子』（松岡享子作、大社玲子絵）、『くまの子ウーフ』（神沢利子作、井上洋介絵）、『1ねん1くみ1ばんワル』などの「1ねん1くみ」シリーズ（後藤竜二作、長谷川知子絵）といったものがあります。

　また、海外の作品の翻訳も紹介したいです。『あおい目のこねこ』（エゴン・マチーセン作・絵、せたていじ訳）、『ジェインのもうふ』（アーサー＝ミラー作、アル＝パーカー絵、厨川圭子訳）、「エルマーのぼうけん」のシリーズ（ルース・スタイルス・ガネット作、ルース・クリスマン・ガネット絵、わたなべしげお訳）、『番ねずみのやかちゃん』（リチャード・ウィルバー作、松岡享子訳、大社玲子絵）などです。

　これらの作品は、大人が読んであげるなら幼児でも聞いて楽しめるでしょう。3年生ぐらいになれば、子ども自身でも読むことができるでしょう。

5　本で調べる

本で調べる

　小学校学習指導要領国語の内容に示された「事物の仕組みを説明した文章などを読むこと」「学校図書館などを利用し、図鑑や科学的なことについて書いた本などを読み、分かったことなどを説明すること」に対応して、1年生の国語の教科書には、乗り物について調べる単元が複数の教科書で設定されています。動物を扱った図書を紹介する単元や、動物について調べる単元もあります。2年生では、遊び、動物、生き物などを本で調べる単元があります。さらに、図書館の利用の仕方や本の探し方も取り上げています。

　小学校低学年は、教員がその単元の目標に応じた図書などの資料をブックトラック（写真1・2）などに用意して、そのなかから調べたい事柄を自分で選ぶ段階だと考えます。学校司書や司書教諭に資料の準備を依頼して、学校図書館や公共図書館からの団体貸出で集めてもらう授業支援も提案したいです。集めてもらった資料は、授業者である教員が授業の目的や児童の実態に合っているかどうか目を通し、授業が終わったら準備した資料について有効だったかどうか学校司書や司書教諭に伝えると次年度の参考になります。単元の学習を進めながら並行して子どもたちがその図書などを読み、いざ調べる段階になったらそのなかから調べたい事柄を選ぶと、教科書教材の学習が終わって各自で調べる段階に入ったときには調べたいことが決まっているようになり、テーマ設定に時間をかけられる一方で実は時間の節約になります。

　例えば、教育出版の2020年度版小学校国語教科書『ひろがることば しょうがくこくご 一下』の「かかれていることをたしかめよう」という単元では、「はたらくじどう車」の教材文でバスやコンクリートミキサー車の「やくわり」とそれに合わせた「つくり」を読み取ります。この学習の導入で「のりものカード」を作ることまで知らせ、「はたらくじどう車」に関連する図書などの資料を身近に置いておきます。「「のりものカード」でしらせよ

写真1・2　ブックトラック

う」の学習で、資料を読んで自分が調べたい乗り物の「やくわり」や「つくり」について調べ、「のりものカード」を作ります。

　生活科でも、動植物について調べたり町や町の施設について調べたりするときに、図書資料も活用するといいでしょう。地域の図書館を利用する単元を設定している教科書もあります。

　1人1台の情報端末が配布されていても、低学年では、例外を除いて図鑑や科学絵本などの図書で調べさせましょう。ほとんどのインターネット情報は、子ども向けに作られていないからです。利用する場合は、大人が調べて「ここにこう書いてあるよ」と一緒に読んだり、一緒に調べたり、子ども向けに作られたサイトを利用したりするといいでしょう。

科学絵本などのノンフィクション

　近年は、低学年の学習で利用できるように編集した、自然科学や教科書単元に関連した絵本がたくさん出版されています。乗り物や動物の赤ちゃん、野菜や果物とその栽培、身近な生き物とその飼育などに関する図書が、授業で活用されています。小学校低学年の場合、必要なところを探して情報を得

るというよりは、単元の学習と並行して絵本や写真絵本を何冊も読むことができるようにします。教科学習で利用する図書以外の科学絵本やノンフィクションも、学校や家庭で読み聞かせをしたり紹介したり身近なところに置いたりして手に取ってほしいです。

『ひまわり』『あさがお』『たんぽぽ』（いずれも荒井真紀文・絵）や、『たんぽぽ』（平山和子文・絵、北村四郎監修）、『みかんのひみつ』（鈴木伸一監修、岩間史朗写真）などは、絵や写真でしか体験できない身近な植物や食べ物の描写に驚かされます。カブトムシやクワガタムシは子どもたちに人気の昆虫ですが、ダンゴムシは容易に観察できるとても身近な虫です。『ダンゴムシ みつけたよ』（皆越ようせい写真・文）は低学年には少し難しいかもしれませんが、素晴らしい本です。『ダンゴムシ』（今森光彦文・写真）では小さなダンゴムシを拡大写真で見ることができ、知られざるダンゴムシの生態がわかります。

　自然科学以外にも建築、土木、力学など、科学絵本が取り上げているテーマはいろいろです。『みんなで！いえをたてる』（竹下文子作、鈴木まもる絵）は、1軒の家が建つまでの工程と、いろいろな人が働き、いろいろな働く車が活躍することが伝わる絵本です。『はこぶ』（鎌田歩作・絵）は、人や物を運搬するさまざまな乗り物や機械について歴史的に見ることができる絵本です。『地下鉄のできるまで』（加古里子作）や『よわいかみつよいかたち』（かこ・さとし著・絵）、『しずくのぼうけん』（マリア・テルリコフスカ作、ボフダン・ブテンコ絵、うちだりさこ訳）などは出版されてから何十年もたちますが、読み継いでいきたい絵本です。

　子どもにとって実体験はとても重要ですが、図鑑や絵本で興味をもったり知識を増やしたりすることによって子どもたちの世界はより広がります。実体験と本とを行き来することによって興味や理解が深まります。

6 ボランティア活動のこと

保護者によるボランティア活動

　小学校では、保護者によるボランティア活動に取り組む学校が増加しています。保護者ボランティアの活動の動機として、「保育園や幼稚園までは送り迎えで園の様子がわかったけれど、小学校での自分の子どもの様子も知りたいから」という理由をときどき耳にします。気持ちはわかりますが、ボランティアになって勝手に校内を歩き回るわけにはいきません。ボランティア活動は、学校のためにできることをできる時間におこなう学校の応援団です。学校が必要としている活動のなかで、できることがあれば進んで協力する活動です。

　読書活動や学校図書館に関わるボランティア活動では、小学校での読み聞かせや学校図書館の整備のお手伝いが盛んです。なかには、学校司書の配置が不十分なためにボランティアで補っている学校や地域もありますが、ボランティアは無償の労働力ではありません。学校司書や司書教諭がそれぞれの職務を十分に務めたうえで、ボランティア活動も活発に取り組んでいきたいです。

　読み聞かせだけでなく、ストーリーテリングや学校図書館の壁面飾り作りなどを担うボランティアとして活動している方々もいます。私が勤務していた小学校では、年度初めに校長名で学校図書館ボランティアの募集をおこないました。朝読書の時間を利用した月1回の読み聞かせ、学校図書館の季節の壁面飾り、本の修理や蔵書点検の手伝いなどのうち、できることに丸印を付けてもらうというものです（図4）。

　年度当初と年度末には連絡会をおこないました。学校長または副校長が挨拶し、年度当初は、学校司書や司書教諭を紹介します。このとき、活動内容と一緒に守秘義務や人物の写真撮影禁止などについても話します。ボランティアとして学校に入ったときは、教員と同じように学校内で見聞したことを

第4章　小学校低学年（1年生・2年生）の読書　—— 091

保護者各位　　　　　　　　　　　　　　　　　　　　　年　　月　　日
　　　　　　　　　　　　　　　　　　　　〇〇〇小学校長　学校長名

学校図書館ボランティアのお願い

　新学期が始まり、学校生活が順調にスタートしました。保護者の皆様におかれましては、日頃よりの本校教育へのご協力、厚く御礼申し上げます。
　さて、本年度も、学校図書館を活用した学習や読書活動を推進するため、学校図書館ボランティアを募ります。
　伝統的な本校の学校図書館ボランティア活動ですが、昨年度も素晴らしい活動をしていただきました。ボランティア活動の基本は、できることをできる時間にしていただき、学校の教育活動に貢献していただくことです。ぜひ、学校図書館ボランティアにご応募ください。
　現在、学校図書館ボランティアとして活動していただいている方も、ご提出ください。
　4月〇日までにご提出のほど、よろしくお願い申し上げます。

☆できる活動に〇印をお願いします。（いくつでも可）

1　絵本や短編の読み聞かせ
　　（　　）木曜日の朝読書の時間（8:30 ～ 8:45）毎月半ば頃に1回
　　（　　）雨の日の休み時間
2　（　　）飾りや掲示・展示など
　　（　　）本の修理
　　（　　）パソコンへの入力
3　春休み中の蔵書点検……春休み前に募集します

4　学校図書館ボランティアについてのご意見などありましたら、ご自由にお書きください。参考にさせていただきます。

```



```

図4　学校図書館ボランティアの応募用紙の例（筆者作成）

5 その他
① 年度初めと終わりに、学校図書館ボランティア連絡会を開きます。
② 卒業生の保護者の方や地域の方もご協力いただいております。さそえる方がいらしたら、おさそいください。

○○年度　学校図書館ボランティア連絡会

日　時　　5月○日（○）　14：30〜15：30頃
場　所　　○○小学校学校図書館

丸印をご記入ください。
（　　　）5月○日の連絡会に出席できます。
（　　　）都合がつかず、欠席します。

お子様の学年・お名前

年	
年	
年	

活動してくださる方のお名前

続柄（○印をおつけください。）　　父　　　母　　　祖父　　　祖母　　　その他

外部で話さないという守秘義務を守ることが大切です。勝手に子どもたちの写真を撮ることもしてはいけないことです。SNSで流すなど、もってのほかです。絶対にしてはいけません。

　また、学校運営や子どもたちへの教育活動は教員がおこないます。ボランティア活動を進めるなかで、学校図書館運営や購入図書などに関する意見や要望が出てくることもあるでしょう。参考のための情報提供として学校司書や司書教諭に話すことは差し支えありませんが、決めるのは学校だということを認識しておきましょう。

「地域学校協働活動」としての学校図書館支援

　保護者だけでなく、地域の人材活用の一環として学校での読み聞かせなどの活動を推し進めている地域もあります。

　2015年、中央教育審議会で「新しい時代の教育や地方創生の実現に向けた学校と地域の連携・協働の在り方と今後の推進方策について（答申）」が取りまとめられました。17年には社会教育法が改正され、「地域学校協働活動に関する普及啓発その他の必要な措置を講ずる」ことが法制化されました。

　2017年4月、文部科学省は、「地域学校協働活動の推進に向けたガイドライン」を策定し、「多様な活動の推進」の例を例示しています。

　　　①学びによるまちづくり、地域課題解決型学習
　　　②地域人材育成、郷土学習
　　　③地域の行事、イベント、お祭り、ボランティア活動等への参画
　　　④放課後等における学習・体験活動
　　　⑤多様な教育的ニーズのある子供たちへの学習支援
　　　⑥外部人材等を活用した土曜日等における教育支援活動
　　　⑦家庭教育支援活動
　　　⑧学校に対する多様な協力活動[4]

　このうち「⑧学校に対する多様な協力活動」では、「子供たちへの本の読

み聞かせ」を例示しています。読み聞かせだけでなく、ストーリーテリングや学校図書館の壁面飾り作りなどで、ボランティアとして活動している方々もいます。

「地域学校協働活動」としては、Plan（計画）、Do（実行）、Check（評価）、Action（改善）の「PDCAサイクル」で組織的・計画的な活動をおこなっています。

　また、文部科学省では、「学校と地域でつくる学びの未来」というサイトを開設しています。

7　この時期にお薦めの本

『**かいじゅうたちのいるところ**』モーリス・センダック作、じんぐうてるお訳
　叱られて閉じ込められた寝室が怪獣たちのいる森になり、主人公のマックスは怪獣たちの王様になる。叱られたはずのマックスと同化して、子どもたちは歌あり踊りありの世界で気持ちが解放されるのではないでしょうか。長く読み継いでいきたいロングセラーです。

『かいじゅうたちのいるところ』
モーリス・センダック作、
じんぐうてるお訳、冨山房、
1975年

『**ねえ、どれがいい？**』ジョン・バーニンガム作、まつかわまゆみ訳
　「ねえ、どれがいい？」と選択を迫られて、つい「どれもいや」と答えたくなるようなひどい選択肢でも、子どもたちはどれがましか考えるようです。読み聞かせでもひとりで読んでも、とにかく楽しい絵本です。

『ねえ、どれが いい？ 改訳新版』
ジョン・バーニンガム作、
まつかわまゆみ訳（評論社の児童図書館・絵本の部屋）、評論社、2010年

『**おおきくなるっていうことは**』中川ひろたか文、村上康成絵

　卒園時や1年生入学時にぜひ読んでほしい絵本です。大きくなるということは、体が大きくなるだけでなく心も大きくなることなのだと伝わってきます。成長の喜びを感じ取ってもらえそうな絵本です。

『おおきくなるっていうことは』中川ひろたか文、村上康成絵（ピーマン村の絵本たち）、童心社、1999年

『**となりのせきのますだくん**』武田美穂作・絵

　表紙がすべてを物語っています。「こっからでたらぶつからな」と、まるで怪獣のような存在のますだくんですが、ますだくんだって悪い子ではないのです。みほちゃんやますだくんのような子は、どこにでもいそうで、心が温かくなる絵本です。

『となりのせきのますだくん』武田美穂作・絵（えほんとなかよし）、ポプラ社、1991年

『**としょかんライオン**』ミシェル・ヌードセン作、ケビン・ホークス絵、福本友美子訳

　決まりを守れば図書館にライオンがいてもいい。徐々に図書館のアイドル的存在になっていくライオンですが、決まりを破らざるをえないときがきます。

『としょかんライオン』ミシェル・ヌードセン作、ケビン・ホークス絵、福本友美子訳（海外秀作絵本）、岩崎書店、2007年

第4章　小学校低学年（1年生・2年生）の読書　097

『**いたずら王子バートラム**』アーノルド・ローベル作、ゆもとかずみ訳

　ローベルの作品は、国語の教科書にも掲載される「お手紙」などの「がまくんとかえるくん」のシリーズや、『どろんここぶた』が授業でよく紹介されます。楽しいお話なのでこの作品もぜひ読んでほしいです。王子は、いたずらに怒った魔女の魔法にかかってしまいます。絵の効果でしょうか、いたずらだけれどどこか憎めない王子です。

『いたずら王子バートラム』
アーノルド・ローベル作、
ゆもとかずみ訳、偕成社、
2003年

『**歯がぬけた**』中川ひろたか作、大島妙子絵

　前歯が抜けたところにコーンを入れてみたり、ストローを通してみたり、誰でもやりそうなことですが、この主人公は抜けた歯をビンにためて将来入れ歯にしようと考えます。日常生活を描きながらユニークで笑ってしまいます。家庭訪問に来た教員の反応もすてきです。

『歯がぬけた』
中川ひろたか作、大島妙子絵（わたしのえほん）、PHP研究所、2002年

『**おすしやさんにいらっしゃい！——生きものが食べものになるまで**』おかだだいすけ文、遠藤宏写真

　キンメダイ、穴子、イカがお寿司になるまでの工程を紹介した写真絵本です。職人の手さばきを見つめる子どもたちの顔もすてきです。お寿司屋さんである著者の意気込みも伝わってきます。

『おすしやさんにいらっしゃい！——生きものが食べものになるまで』
おかだだいすけ文、遠藤宏写真（かがくヲたのしむノンフィクション）、岩崎書店、2021年

『じっちょりんのたんじょういわい』かとうあじゅ

　とても小さなじっちょりんの家族は、花の種を植えて歩きます。じっちょりんの目線で町を歩いていくと、季節の草花を見つけることができます。本作はシリーズ5作目で、春、桜の花びらが舞う頃、じっちょりんの家族は赤ちゃんを迎えます。

『じっちょりんのたんじょういわい』
かとうあじゅ、文溪堂、2023年

『しっぱいにかんぱい！』宮川ひろ作、小泉るみ子絵

　運動会のリレーで失敗して落ち込んでいるお姉ちゃんを元気づけようと失敗話が始まります。誰だって失敗はあるものだと元気づけてくれる作品です。本シリーズは『うそつきにかんぱい！』など10作品が出版されています。

『しっぱいにかんぱい！』
宮川ひろ作、小泉るみ子絵（かんぱい！シリーズ）、童心社、2008年

『びゅんびゅんごまがまわったら』宮川ひろ作、林明子絵

　こちらも宮川ひろ作で、等身大の子どもが描かれています。自然がある小学校でのユニークな校長先生が回すびゅんびゅんごまが圧巻です。

『びゅんびゅんごまがまわったら』
宮川ひろ作、林明子絵（絵本・ちいさななかまたち）、童心社、1982年

第4章　小学校低学年（1年生・2年生）の読書

注

(1) 文部科学省「小学校学習指導要領（平成29年告示）解説　国語編」東洋館出版社、2018年、14ページ

(2) 同書26、27、36ページ

(3) 同書26ページ

(4) 文部科学省「地域学校協働活動の推進に向けたガイドライン」の「はじめに」（https://manabi-mirai.mext.go.jp/document/gaidorain(tiikigakkoukyoudoukatsudounosuishinnimuketa).pdf)［2024年7月25日アクセス］

(5)「学校と地域でつくる学びの未来」（https://manabi-mirai.mext.go.jp/index.html)［2024年7月25日アクセス］

第5章

小学校中学年(3年生・4年生)の読書
──多読と読書の質

1 中学年は大切な時期

　小学校では、中学年になると国語の授業時数が減り（表3）、毛筆習字も始まり、国語での読書指導の時間確保が難しくなってきます。中学年になり学校で本に親しむ時間が減ってくると、せっかく低学年で読書に親しんでも、そこで止まってしまう児童が増えてしまいます。学習指導要領国語の指導目標や指導事項には、読書に関わる事項を明記しているのですから、国語の時間に読書指導を継続するべきです。

　勉強が忙しくなり、読み聞かせをする家庭も減り、テレビを見たりゲームをしたりする時間はあっても本を読む時間はない、そんな子どもも出てきます。学校図書館で借りた本を家で読んだり、地域の図書館で本を借りたりする習慣を身に付けていきたいものです。

　中学年での読書は、学習の理解に大きく影響します。文章を読み慣れている子は、教科書でも資料でもテスト問題でも、読むことのハードルがぐんと下がっています。中学年で読むことのトレーニングができていない子は、5年生になって社会科でまず困ります。例えば3年生では、住んでいる地域や、そこにある施設などを実際に目で見て調べることが中心になります。4年生でも、都道府県の様子や水道・ガス・電気などのインフラ、自然災害などを画像で認識することができます。中学年で学習する地域の課題は身近です。ところが5年生になると、食料生産、工業、貿易、情報産業など文章や図やグラフを読んで理解することが必要になってきます。国語でも、友情、生き

表3 小学校学習指導要領（2017年告示）に
示された国語の授業時数

学年	週あたりの国語の授業時数
1年生・2年生	9時間
3年生・4年生	7時間
5年生・6年生	5時間

方、環境、平和など目で見ることができない多様なテーマが教材として取り上げられ、言葉による抽象的な思考が必要になります。わからないことを調べても、言葉で説明されている事柄を言葉で理解しなくてはなりません。

　私は、中学年は文章を読むことに慣れ、言葉で理解し、言葉で考え、言葉で表現できるようになる時期だと考えています。目に見える事象だけでなく、抽象的な思考ができるようになるための貴重な準備期間だと思います。中学年では、幅広くいろいろなジャンルの読書をし、いろいろなことを知り、いろいろなことに興味をもち、視野を広げ、言葉の力をつけて、言葉で深く考える素地を耕してほしいと思います。

2　中学年の読書指導目標と内容

　小学校学習指導要領（2017年告示）の国語のなかで、中学年の読書に関する目標は、「言葉がもつよさに気付くとともに、幅広く読書をし、国語を大切にして、思いや考えを伝え合おうとする態度を養う」と記しています。読書に関する内容の「我が国の言語文化に関する事項」には、「幅広く読書に親しみ、読書が、必要な知識や情報を得ることに役立つことに気付くこと」とあります。やさしい文語調の短歌や俳句の音読や暗唱、ことわざ、慣用句、故事成語も取り上げています。「読むこと」の言語活動例には、「記録や報告などの文章を読み、文章の一部を引用して、分かったことや考えたことを説明したり、意見を述べたりする活動」「詩や物語などを読み、内容を説明したり、考えたことなどを伝え合ったりする活動」「学校図書館などを利用し、事典や図鑑などから情報を得て、分かったことなどをまとめて説明する活動」などを列挙しています。

低学年では、楽しんで読書をし、読書に親しんできました。中学年は、読書の幅を広げる段階です。3年生ぐらいで読んでほしい絵本もたくさんあります。学校生活を舞台にした物語、ノンフィクション、詩歌や言葉に関する本など、幅広いジャンルの本と出合ってほしいです。本格的な事典・辞典の活用も中学年で学習します。

　「多読期」といって、文章を読むことに慣れる時期でもあります。活字を使っている時代でしたら、「活字慣れする」という言葉がぴったりです。少し長い文章も読めるように、言葉で考える力が育つように、3年生・4年生になって「読書離れ」「本離れ」にならないようにすることが大切です。

3　読めるようになるために

絵本を読む

　3年生になったら、少し読み応えがある絵本と出合ってほしいです。絵の力も借りながら文章を読み、絵と文章が作り出す物語の世界を楽しんでほしいと思います。少し長い話を読めるようになるための橋渡しとしても役立つでしょう。もちろん、読み聞かせで楽しんでもいいでしょう。

　『さんねん峠 朝鮮のむかしばなし』（李錦玉作、朴民宜絵）は教科書教材にもなっています。「三年とうげで転んだならば、三年きりしか生きられぬ」という三年峠で転んでしまったおじいさんをとんちで救う朝鮮の昔話です。教科書に掲載されていても絵本も読んでほしいです。関連して『ふしぎなしろねずみ 韓国のむかしばなし』（チャン・チョルムン文、ユン・ミスク絵、かみやにじ訳）もお薦めです。おじいさんの夢が本当のことになり、老夫婦が幸せになる昔話です。かわいらしくてユーモラスで庶民の願いがこもった作品だと思います。

　『かにむかし』（木下順二文、清水崑絵）、『泣いた赤おに』（浜田廣介作、梶山俊夫絵）は、読み応えがある絵本です。そして先にも紹介した松谷みよ子の『ゆきおんな』では、画家・舞台美術家の朝倉摂が絵を描いています。文章

も絵も一緒に、一冊の絵本に表現された世界をしっかり味わってほしいです。

科学絵本やノンフィクション絵本を読む

　科学絵本やノンフィクションの写真絵本なども中学年の頃にたくさん読んでほしいです。科学絵本やノンフィクションは、子どもたちが科学的事象に興味・関心を抱き、さまざまな科学分野の知識を増やし、子どもたちの科学的な思考を育ててくれます。子ども向けにやさしく書かれていても、表面のおかしさやおもしろさではなく、取り上げたテーマや内容で子どもたちが科学を好きになってくれるような図書の出版を望みます。ある先輩教員が「私は多くの知識を子どもの本から学んだ」と語っていましたが、私も子どもの本から多くの知識を得ています。

　図解や絵の力で生き物の生態や不思議をわかりやすく述べている作品はたくさん出版されていますし、楽しく読めます。『モグラのもんだい モグラのもんく』（かこさとし作）、『もぐらはすごい』（アヤ井アキコ作、川田伸一郎監修）、『キタキツネのおかあさん』（竹田津実文・写真）、『たぬき』（いせひでこ）、『ゾウの長い鼻には、おどろきのわけがある！』（山本省三文、喜多村武絵、遠藤秀紀監修）などがあります。『もしも宇宙でくらしたら』（山本省三作・絵、村川恭介監修）は、宇宙ステーションで暮らす小学生の生活を描いた宇宙を知る絵本です。同じ作者のシリーズの最新刊は、『もしも深海でくらしたら』（山本省三作・絵、長根浩義監修）です。

　また、『ホネホネたんけんたい』（西澤真樹子監修・解説、大西成明写真、松田素子文）からは、食べ終えたフライドチキンの骨を使って骨格標本を作ることが、『チリメンモンスターをさがせ！』（きしわだ自然資料館／きしわだ自然友の会／日下部敬之監修）からは、実際にちりめんじゃこから「ちりめんモンスター」を探してみることが広がりました。

『かわ』（加古里子作・絵）、『たまがわ』（村松昭作、「日本の川」シリーズ）は、多摩川の上流から下流までの様子を鳥瞰図で描きます。村松昭の「日本の川」シリーズは8冊刊行されていて、最新刊は『きたかみがわ』です。「里山」を撮り続けてきた写真家・今森光彦の『里山の田んぼ』などのシリーズ

「里山は未来の風景」（全4巻）は、身近な自然の大切さが伝わってきます。『海』と『宇宙──そのひろがりをしろう』（ともに加古里子文・絵）もあります。

『はがぬけたらどうするの？──せかいのこどもたちのはなし』（セルビー・ビーラー文、ブライアン・カラス絵、こだまともこ訳）や『世界のあいさつ』（長新太作、野村雅一監修）は、世界のいろいろな習慣や挨拶が紹介されていて興味深いです。『すごいね！みんなの通学路』（ローズマリー・マカーニー文、西田佳子訳）は、想像もつかない通学路の写真にびっくりです。『草原が大好き ダリアちゃん』（長倉洋海作）は、ロシア・シベリアでトナカイとともに暮らす一家のダリアちゃんの表情が秀逸です。世界には、さまざまな環境で暮らしている子どもたちがいます。「大変そうだなあ。自分は幸せだなあ」と思って終わりではなく、自分と同じような年齢の子どもたちがそのなかで育ち、力強く生きていることを感じてほしいです。

科学絵本やノンフィクション絵本で、子どもたちの世界が広がっていくといいと思います。

少し長い文章を読む

中学年になったら読書の幅を広げるとともに、少し長い話も読めるようになってほしいです。私は、3年生の学年末に中学年向けの100ページぐらいの本が読めるようになり、4年生の学年末に200ページぐらいの本が読めるようになるといいと思って、指導してきました。

文章（活字）が読めるようになるには、自分で自分を訓練すること、つまりトレーニングが必要です。学校では、朝読書などの一斉読書の時間や学校図書館を利用して本を読む時間を確保したり、いろいろな方法でお薦めの本を紹介したりすることが大切です。

そして、朝読書などの一斉読書の時間といわゆる「図書の時間」など授業時間での読書の時間は、「国語の時間」なのだとしっかり伝えます。私は、この時間は、文章を読むトレーニングの時間と位置付け、ゲームや絵探し、漫画や図鑑などではない、絵本や読み物を読ませることにしました。給食や

第5章　小学校中学年（3年生・4年生）の読書 ■ 105

　テストのあとなど隙間の時間は何を読んでもいいことにしましたが、読み物の続きを読む姿が多く見られました。
　読み物といっても物語などの文学だけとはかぎりません。科学読み物やノンフィクションも薦めたいです。『人に育てられたシロクマ・ピース』（高市敦広語り、平野敦子構成・文）や『がんばれ！しろくまピース——人工飼育でそだったホッキョクグマの赤ちゃん』（大西伝一郎文）は10年以上前に出版されていますが、シロクマのピースはいまでもときどき話題になり、立派に育って愛媛県立とべ動物園で暮らしています。『カラスのいいぶん——人と生きることをえらんだ鳥』（嶋田泰子著、岡本順絵）、『カラスの大研究——都会の悪者か 神さまの使いか』『スズメの大研究——人間にいちばん近い鳥のひみつ』（ともに国松俊英文、関口シュン絵）などもあります。都市部でのカラスの増加は勢いが少し弱まったようですが、まだまだ存在感があります。スズメはあまり見なくなり、貴重になりつつあるようです。これらの本から得るものは大きいと思います。中学年でも読める科学読み物やノンフィクションは絵本としてはたくさんありますが、読み物ももっと出版されることを望みます。
　乙武洋匡『五体不満足』が出版された頃、私は、4年生に1学期の間、毎

日少しずつ読み聞かせをしました。すると、家で買ってもらった子もいて、自然に数人で1冊の本をのぞき込みながら真剣に聞いてくれました。先輩の教員は、「黒ねこサンゴロウ」シリーズ（竹下文子文、鈴木まもる絵）を3年生に毎日読んだ話をしてくれました。『ピノッキオのぼうけん』（カルロ・コルローディ作、安藤美紀夫訳、臼井都画）は400ページ以上もある大作ですが、退職後、近所の小学校の4年生にこの本を1年がかりで読み聞かせるボランティアに毎年行っている教員もいました。本では、ピノッキオのやんちゃぶりや冒険をくぐり抜けて成長していく姿がしっかり描かれています。

家庭で読書をする時間を作る

家庭でも本を読む時間を作ることが大切です。

国語の教科書教材として有名な『大造じいさんとがん』や「片耳の大シカ」「金色のあしあと」などの著者・椋鳩十は、鹿児島県立図書館長でした。椋は1960年から、子どもが家庭で20分ほど教科書以外の本を読み、母親がそのかたわらで聞くという取り組み、「母と子の20分間読書」を広めました。これが効果的だと全国に広まっていき、70年に親子読書地域文庫全国連絡会が発足しました。⁽¹⁾

私も勤務校で親子読書をしてほしいと思い、学校図書館担当者として提案しました。すると、当時の教務主任から「家庭で宿題をみるのだって大変なのに、親子読書なんて無理です」と言われました。そこで、誰に聞いてもらっても、弟や妹に読んであげても、ひとりで読んでもいいことにして、「ファミリー読書」と命名しました。すると、異動した学校では、保護者から「ファミリー読書の日は、お父さんも早く帰ってきて家族で夕食を食べたあとにみんなで本を読んでいます」という言葉をもらいました。「親子でなくてもいい」という消極的な意味で付けた「ファミリー」が積極的な意味に使われるようになり、うれしかったです。

2006年から、本の取次会社のトーハンが「子どもたちを中心にして、家族みんなで本を読む」という取り組み、「うちどく（家読）」を提唱しています。トーハンのウェブサイトでは、「「うちどく」は読書推進にとどまらず、

本をコミュニケーションツールとして相互理解を深め、家族の絆がいっそう深まることを目指した取り組みです」⁽²⁾と説明しています。

寝る前の10分でも読書の時間を確保したいものです。とはいっても、子どもにだけ「本を読みなさい」と言うのでは、かえって読書嫌いになってしまうでしょう。家族みんなが読書に親しむことが大切です。ちなみに、高齢者の認知機能の維持にも読書は効果があるそうです。

4　課題をもって調べる

自由研究と総合的な学習

夏になると毎年話題になるのが、小学生の自由研究と読書感想文です。読書感想文については次章で取り上げます。ここでは、夏休みの自由研究と、それに関連して探究的な学習についてみていきましょう。

第2章でも述べましたが、戦後の1947年3月20日に「学習指導要領一般編（試案）」が発行され、社会科と家庭科という新しい教科と自由研究が設けられました。自由研究は、4年生以上で週2枠から4枠、年間70時間から140時間が割り当てられました⁽³⁾。その内容は、「(1) 個人の興味と能力に応じた教科の発展としての自由な学習、(2) クラブ組織による活動、(3) 当番の仕事や、学級要員としての仕事」⁽⁴⁾です（説明がわかりやすい1951年版から引用）。

この自由研究は1951年に学習指導要領が改訂されたときになくなり、自由研究の時間に代わって新たに教科以外の活動の時間が設けられました。児童会活動・委員会活動・児童集会・奉仕活動・学級会・クラブ活動などが列挙されていますが、これらは、58年版では「特別教育活動および学校行事」になります。

戦後に現れ消えていった教科「自由研究」は教育課程内ではなくなりましたが、児童・生徒が興味・関心をもったことを主体的に学ぶというその意図については、多くの教員が必要性を感じていたのではないでしょうか。

1958年入学の私の小学校時代も夏休みの自由研究はありました。私が小

　学校の教員になったのは75年のことです。夏休みの自由研究は、「自由課題」「自由勉強」「自由研究」など勤務校によって呼び方がまちまちでした。長い夏休みを目的もなしにダラダラと過ごさないように、ラジオ体操に参加することでもいいとしたこともあります。デパートやお店でキットやセットを購入してそれを作ってくる児童が増えてしまった時期もありました。
　時代とともに教育内容も変わりました。1977年の学習指導要領改訂にともない、勤務校では「ゆとりと充実」が校内研究テーマになり、「ゆとりの時間」の実践研究をしました。私は5年生の担任で、子どもたちの手作りを重視して、手作りでうどんを作らせたり、教室で木工工作をしたり、電気釜でケーキを焼いたりもしていました。研究会では、課題として、子どもたちにとって「ゆとりの時間」とは、「教科書にとらわれず、先生が好きなことをしていい時間」という認識だという意見が出されました。
　「総合的な学習の時間」が登場してからもしばらくは、多くの学校で「総合的な学習の時間」は、1998年版の学習指導要領に例示された「国際理解、情報、環境、福祉・健康」などの課題を学習する時間だと認識されていました。探究的な学習を本格的に理解しはじめたのは、08年度版の学習指導要領で「習得・活用・探究」がキーワードになった頃からです。探究的な学習

は、自らの気づきや疑問、興味・関心をもっていることを課題につなげることが大切です。

探究的な学習

　文部科学省の「GIGA スクール構想」のもと、1人1台端末の整備が進み、コロナ禍でのオンライン授業が成立し、子どもたちは何か疑問をもつとすぐにインターネットで調べる習慣が身に付いたようです。

　第1章で述べたように、インターネットでちょっと調べて答えを見つけてコピーして貼り付けたり、書き写したりしただけでは、探究にはなりません。また、ゲストティーチャーを呼んだり、体験したり、見学したりして、単にそれをまとめただけでも探究とはいえません。深い学びにもなっていません。インターネット情報だけでなく、かといって本だけでもなく、体験や経験だけでもなく、多様な情報資源を活用して、比較・検討したり得た情報を評価したりして、探究していく力を身に付けていってほしいです。

　中学年での探究的な学習では、学級でいま学習している単元に関する大きなテーマがあり、各自がそのなかでどんなことを調べたいか小テーマを決めることが多いと思います。似たテーマの子どもたちごとにグループを作って、グループごとに中テーマを設定することもあります。

　例えば、「昔の暮らしを調べよう」という大テーマのもと、「初めの頃のテレビは、どんなテレビだったのだろう」「レコードは、どのようにして音楽を聞いていたのだろう」「冷蔵庫の歴史を調べる」などの課題を設定した児童が集まって「電化製品を調べる」グループを作るなどです。「台所で使う道具を調べる」「いまはない仕事について調べる」「学校生活を調べる」なども考えられます。

　こんなふうに学習をする場合は、教科書教材で学習目標や基本になる事柄を学び、同時にそれについて概観している図書などの資料に目を通して、各自が調べたいことを決めます。各自が調べたいことが決まったら、そのことについてもっと詳しく掲載されている資料を見つけて調べます。いつ頃の暮らしを調べるのか、簡単な歴史の経過がわかる本も必要かもしれません。本

だけでなく、地域の人に聞いたり、博物館・歴史館・資料館などに出かけることもあるでしょう。インターネットで調べることもあるでしょう。中学年では使い方を知ったうえで百科事典を利用することもお勧めしたいです。

参考図書などの使い方

　辞典・事典、年鑑、統計資料など音順や項目順に概要を集めた図書資料を、レファレンスブックまたは参考図書と呼びます。使うときは必要な項目だけを読みます。参考図書には、ほかの資料を案内する資料検索のためのリストや索引などが本になっているものもありますが、これらは、高校生や大学生になってから多く利用されるでしょう。公共図書館や大学図書館では、「参考図書コーナー」として別置している場合がほとんどです。学校図書館でも「参考図書コーナー」を作っているところが多いようです。

　多くの学校では、中学年で百科事典や国語辞典・漢字辞典（漢和辞典）の利用の仕方を指導しています。国語辞典・漢字辞典についてはずっと教科書で取り上げられてきましたが、現在大部分の大人は、百科事典の利用指導を受けておらず、あまり利用してこなかったのではないでしょうか。以下に、利用するときに知っていると便利なポイントを挙げます。

①百科事典

　百科事典は事柄を調べ、国語辞典は言葉の意味を調べます。ですから「百科事典」「国語辞典」なのです。

　項目別と五十音順の百科事典があり、一巻物の百科事典もあります。多巻物は、量が多いので多巻に分けているだけで、全巻で一冊分の構成になっています。小学生向けでは、ポプラ社が五十音順の『総合百科事典 ポプラディア 第三版』（全18巻、本篇16巻、索引1巻、学習資料集1巻）と項目別の『ポプラディア情報館』（全50巻）を刊行しています。オンライン百科事典「ポプラディアネット」を導入している学校もあります。『ポプラディア情報館』は、単冊での購入ができます。小学館が刊行している『小学館こども大百科』は、五十音順の一巻物です。小学館からは、項目ごとの一巻物で、

第5章　小学校中学年（3年生・4年生）の読書　　111

『キッズペディア 科学館』など「キッズペディア」のシリーズも刊行されています。

項目別の百科事典は、図鑑と同じように目次や索引から調べたいものが載っていそうなページを探します。五十音順の多巻物百科事典は普通、背・つめ・見出し・柱から調べることが多いのですが、索引巻を利用すると、「十二支」「干支」は「十干十二支」で掲載されているなど、掲載されていないと思っても別の言葉で掲載されている場合があることがわかります。また、関連事項も参照するよう記載されている場合もあります。索引巻の指導はぜひおこないたいものです。

②国語辞典・漢字辞典

国語辞典は小学校3年生、漢字辞典は4年生の国語で指導することがほとんどです。

国語辞典は言葉の意味を調べますが、漢字の書きを知りたいときも国語辞典が便利です。付録も資料になります。

漢字辞典（漢和辞典）は、音訓索引・総画索引・部首索引の3つの索引が付いています。音訓どちらかの読みがわかっている場合は、音訓索引を使います。部首がわかっている場合は、部首索引を使います。読みも部首もわからないときは、総画索引を使います。総画索引を使えるためには、漢字の画数の数え方がわからなくてはなりません。

事柄も言葉の意味も、インターネットで容易に調べられると思われがちですが、紙の事典・辞典で調べると、周辺情報も目に入ります。「辞書引き」の教育的効果を評価して、紙の辞典の「辞書引き」に取り組んでいる学校もあります。

インターネット上で多くの人が利用している「Wikipedia」はたいへん上手に編集されているとは思いますが、不特定・無制限の参加者が執筆・編集したもので、書き換えも自由です。サイトの免責事項でも明記しているように、掲載された情報は合法性も正確性も安全性も一切保証されていないのが

実情なので、参考文献にはなりません。とはいえ、探究の入り口として活用したり、記述のもとの文献や一次情報を知るのには便利です。

探究のプロセスを知る

　総合的な学習が始まり、夏休みの自由研究に取り組む児童も多いでしょう。どんなことをどのように調べればいいのか、個人課題研究の基本的な流れを知ることも必要になります。

「小学校学習指導要領（平成29年告示）解説　総合的な学習の時間編」では、2008年度版を引き継ぎ、「児童は、①日常生活や社会に目を向けた時に湧き上がってくる疑問や関心に基づいて、自ら課題を見つけ、②そこにある具体的な問題について情報を収集し、③その情報を整理・分析したり、知識や技能に結び付けたり、考えを出し合ったりしながら問題の解決に取り組み、④明らかになった考えや意見などをまとめ・表現し、そこからまた新たな課題を見つけ、更なる問題の解決を始めるという学習活動を発展的に繰り返していく。要するに探究的な学習とは、物事の本質を探って見極めようとする一連の知的営みのことである」として、「①課題の設定」「②情報の収集」「③整理・分析」「④まとめ・表現」という探究の過程を示しています。[6]

　図5は教員には有名なもので、「学習指導要領解説」の「総合的な学習の時間編」に示されています。小学校・中学校・高等学校とも同じ図が記されています。

　このプロセスのなかでも最も難しくて最も大切なのが「課題の設定」です。調べるテーマを決めることです。本やウェブサイトを開けばすぐにわかるようなことは課題とはいえません。自分の身の回りのさまざまなことに気づき、興味・関心をもつことは、物事を探究する素地を作ります。興味・関心があることをちょっと調べてみて、自分が調べたいことを明らかにしていくまでが課題設定です。そして、どうしてそれを調べたいと思ったのかという、課題設定の動機が重要です。自分で調べられる課題かどうかも検討します。難しすぎないか、資料はあるか、調べる方法がわかるか、ただ写すだけで終わってしまわないか、といったことを検討する必要もあります。課題を決める

第5章　小学校中学年（3年生・4年生）の読書　━　113

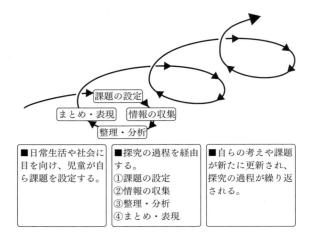

図5　探求的な学習における児童の学習の姿
(出典：文部科学省「小学校学習指導要領（平成29年告示）解説　総合的な学習の時間編」東洋館出版社、2018年、17ページ)

ときにも本は役に立つ資料です。

　課題が決まったら、調べたいことを文章で書くといっそう明確になります。例えば、「おいしいトマトの育て方」よりも「おいしいトマトを育てるためには、どのような工夫をすればいいのだろうか」にすれば、「おいしいトマトとはどんなトマトなのだろうか」とか「農家の人はどんな工夫をしているのだろうか」など、調べるための手立ても浮かんできそうです。

　課題が決まったら、調べるための計画を立てます。どのような方法で情報を収集すればいいかということです。「情報の収集」は、本だけ、インターネットだけ、体験だけなど、何か一つの方法でわかったことだけをまとめるのではなく、複数の手段で調べることが大切です。小学校中学年では、調べる計画を考えるときは、どんなことをどんな方法で調べるかを考え、その順番を決めるといいでしょう。

　得た情報や集めた情報は評価選択します。その情報は正しい情報か、必要な情報かを考えて、カードなどに記します。見学や体験したこと、インタビ

ューをしているときなどはメモ帳にメモし、帰ってからカードに書くといいでしょう。

このカードは、「情報記録カード」（図6）などとも呼ばれ、1項目を1枚に記し、裏面は使いません。その情報がどこに書いてあったのか、どのようにして得た情報なのか、わかるように出典なども記しておきます。

その次に、集めた情報を「整理・分析」します。調べたいことがわかったか、どんなことがわかったかを考え、調べ足りないことや調べ直したいことはさらに調べます。

NO.	調べること	
分かったこと		
書名		
著者		
出版者（発行所・出版社）		
発行年	ページ	
年　　組　氏名		

図6　本で調べたときの情報記録カードの例

最後に、調べて伝えたいことをまとめ、情報発信のために「まとめ・表現」します。中学年ぐらいですと、新聞にまとめたり図鑑を作ったりするのもいいでしょう。夏休みの自由研究は、レポートにしたり模造紙のような全紙大の大きな紙にまとめたりすることが多いでしょう。授業での発表会では、そのほかにもいろいろ工夫した発表の仕方があります。プレゼンテーションのソフトを使ってまとめることもあるでしょう。何かにまとめたり発表したりすることは、情報発信するということです。調べたことによってどのように考えが深まったのかも児童の成長にとって重要なことです。

近年は、このような探究的な学習や自由研究のための講座を開く図書館も見受けられます。なかには親子で参加する催しもあります。地域の図書館のイベントにも注目しましょう。

第5章　小学校中学年（3年生・4年生）の読書 ━ 115

5　本との出合い

一冊の本との出合い

　子どもにとって本との出合いの場は、とても大切です。一冊の本との出合いで、あっという間に本好きになってしまうこともあります。

　3年生の女児の例です。海外からの編入生で、なかなか学校になじめないでいました。学校図書館では、級友が本を選んでいる間は書架の前をうろうろして、大人が近寄ると遠ざかっていました。やがてその児童がアニメが好きなこと、特に『ちびまる子ちゃん』が好きなことがわかりました。その学校図書館にはアニメをもとに読み物にした『アニメ版ちびまる子ちゃん』（さくらももこ原作、金の星社）が数冊ありました。大人が手渡そうとしても体を背けるのですが、その子の座席にそっと置いてみたら読み始めました。その子は、しばらくは『ちびまる子ちゃん』だけを借りたり読んだりしていました。ところが、4年生の終わりには、中学年向けの読み物をどんどん読めるようになり、読書も好きになりました。

　もう一つは、4年生男児の例です。その児童は若干の学習障害があり、どちらかといえば国語よりも算数のほうが得意でした。司書教諭がブックトークで本を紹介したときのこと、紹介された本のなかの『ドングリ山のやまんばあさん』（富安陽子作、大島妙子絵）との出合いでどんどん本が読めるようになりました。やまんばあさんがどんなに豪快か話してから、高速道路を走るやまんばあさんと田端さんの車が遭遇したときのコミカルな場面を部分的に読み聞かせました。その男児はさっそく手に取ってくれ、最後まで読み通しました。そして、同シリーズの紹介を見て、ほかも読みたいと言ってきて、「やまんばあさん」のシリーズを次から次へと読み進めていきました。読むのが苦手だった児童は、ブックトークで紹介された一冊の本がきっかけで文章を読む力がぐんと伸びたのです。6年生になって、宮沢賢治の「やまなし」を学習したときは、その発展で賢治の作品のなかから「どんぐりと山

猫」を選び、粗筋や宮沢賢治がこの作品で伝えたかったこと、自分の感想などを絵と文で紹介していました。

　ストーリーテリングでお話と出合うこともあります。ストーリーテリングは、中学年や高学年が聞いても楽しいものです。大人でも楽しめます。

　近所の方が「「モモちゃんがうまれたとき」を覚えたので、機会があれば話しにいきます」と連絡してくれたときのことです。せっかくだからと1年生から6年生まで全学年に語ってもらいました。どの学年も楽しんで聞いていましたが、最も反応がよかったのが3年生でした。ストーリーテリングを機会に「ちいさいモモちゃん」のシリーズ（松谷みよ子作、菊池貞雄／伊勢英子絵）が大人気になり、大勢の3年生が借りていきました。

　大学で読書が好きだという学生に読書好きになった理由を聞くと、「親や先生に読み聞かせをしてもらった」という意見が多いですが、一冊の本との出合いを理由に挙げる学生もたくさんいます。「読書感想文がきっかけで本を読むようになった」という学生も毎年1人か2人います。

　読書指導というと堅苦しく考える人がいるかもしれませんが、本との出合いの場を作ることが大切だと思います。その際、読むのが苦手でもこの程度なら読めるだろうと選書するのではなく、いい本だから、おもしろいから、泣けるからなど、自信をもって薦められる本を紹介したいです。

　ここでは学校図書館での事例を紹介しましたが、地域の図書館や書店での「お話会」や「読み聞かせ」「講演会」などのイベントに出かけたり、図書館の展示や掲示、印刷物に目を向けたりすることも本との出合いにつながりま

す。書店で実物を手に取ってみるのも貴重な機会です。

　ちなみに私は、書店で見つける本もありますが、新聞の読書欄や広告を見て読んでみたいと思った本を図書館で予約したり、購入したりすることも多いです。インターネットで本を購入することもあります。「あなたにお薦めの本」「ほかの人は、こんな本も購入しています」などとお薦めの本を紹介してくれ、新しい本との出合いもあります。しかし、まだあまり購入していなくて情報が少ないためか、残念ながらインターネットでのお薦めで読みたい本と出合えることはまだ少ないです。

ブックトークで本と出合う

　本を紹介する方法の一つにブックトークがあります。共通するテーマのもと、複数の本をキーワードでつなげながらまとめて本を紹介する方法です。普通はテーマを決めてから本を集めますが、まず紹介したい本があってその本と同じテーマの本を探すときもあります。3冊から4冊ほどを短時間で紹介することも、数十分かけて紹介することもありますが、あまりたくさんの本を長時間かけて紹介すると聞き手の集中力が続かない場合もありますから、10冊以下で数冊に絞るといいでしょう。

　例えば、柿のおいしい秋に「あま柿しぶ柿おいしい柿」というタイトルでブックトークをするとしましょう。紹介する本は、『柿の木』（宮崎学）、『干し柿』（西村豊写真・文）、『カキの絵本』（まつむらひろゆき編、きくちひでお絵）、そして先にも紹介した『かにむかし』の4冊とします。

　まず、導入を考えます。「秋ですねね。秋の食べ物といえばどんなものを思い出しますか?」と切り出し、やりとりをしてから、「今日は、柿の本を持ってきました」としてもいいでしょう。「秋ですねね。私は柿が大好きなのですが、みなさんは好きですか?　今日は柿の本で、柿を目と耳で味わってください」なども考えられます。

『柿の木』は、表紙の写真を見せ、この木の説明をします。そして、渋柿は干し柿になるからお金になり、人々の暮らしと密接に関わっていたことなどを、本の一部分を読んでから話します。「渋柿も干し柿にすると甘くなりま

　すね。こうやって干します」と言って、『干し柿』の柿が干してある写真を見せます。そして、干し柿作りをダイジェストで紹介します。
　それから、「甘い柿は、どんなふうに育てているのでしょう。柿について、もっと知りたい人は……」と言って『カキの絵本』を出し、「この本は、柿についてびっくりするぐらいいろいろなことが書かれています」と続けます。そのなかで、行き倒れの人やおなかを壊した人やけがをした人を、旅のお坊さんが干し柿で助けたという昔話や、嫌われ者のしぶに水をはじいたりものを腐りにくくするパワーがあること、柿の育て方や柿渋の作り方、柿の料理などいくつかの項目を紹介します。
　さらに、「では、柿の種とおむすびを交換した昔話は何でしょう」とクイズを出し、「さるかに合戦」「かにむかし」などと昔話を思い出させます。「これは、木下順二さんという人が再話した『かにむかし』という本です。

第5章　小学校中学年（3年生・4年生）の読書　119

みなさんが覚えているお話と少し違うかもしれません」とカニから子ガニが出てくる場面を読みます。こんなふうに、一冊一冊をバラバラに紹介していくのではなく、話題の流れを考えながら本を紹介していきます。

　子どもたちは、紹介された本をすべて読まなければならないのではありません。興味・関心をもった本があれば読めばいいのです。このように、その本の世界にちょっと足を踏み入れると、読んでみたい気持ちが湧きやすいようです。紹介する人は、本の内容をそのまま要約したり粗筋を述べたりするのではなく、「読んでみたいなあ」「おもしろそうだなあ」と興味をもってくれるように紹介します。もちろん、過大な期待を抱かせて、実際には予想と反するのでは困ります。その本の魅力をしっかり伝えましょう。

　学級では、何冊でも読みたいと思った本に手を挙げさせたり、紹介した本のリストを配って読みたいと思った本に丸印を付けさせたりすることもあります。読みたいときすぐに読めるように、公共図書館の団体貸出を利用して同じ本を複数用意するといいでしょう。

　中学年以上の担任になったとき、読み聞かせで紹介したい本がどんどん手元にたまっていってしまいました。そんなときは、テーマがバラバラなのでブックトークではないのですが、ブックトークのように複数の本を一度に紹介していました。また、ブックトークのようにテーマを決めて展示や図書館便りなどで本を紹介することも、よくおこなわれています。

　ブックトークは低学年でもできますが、低学年は一部分や概要を話してもらうよりも、一冊全部を読んでもらいたいようです。低学年は幼児期に続いて、読み聞かせをしてもらった本を今度は自分で何回も読む傾向にあります。中学年になると、読み聞かせをしてもらった本を入り口に別の本を読んだり、紹介されて興味をもった本を読んだりする傾向に移っていきます。1年生は、「終わりまで全部読んで」と言いますが、中学年以上になると一通り読み聞かせた本や概要を詳しく話した本は、「この本はもうわかったから、別の本を読みたい」という声を耳にするようになります。ブックトークは、中学年以上でより効果が期待できる読書活動です。

詩歌と出合う

　詩は低学年から教科書に掲載されていますが、中学年では詩を書く学習があります。短歌や俳句の鑑賞も取り上げられています。

　詩を書くとは、「短い言葉で」「歌の歌詞は詩」「これぞという言葉を選んで」「余計なことをそぎ落として」「リズミカルに」などいろいろ考えられても、それらを子どもたちに伝えることはとても難しいです。しかし、たくさん詩を読んできて、詩とはどのようなものなのか経験で知っていれば、「詩を書く」といったときにイメージが湧きます。書いたものが詩になっていれば、そのうえで、様子や気持ちをよく表現している言葉を見つけたりリズムを考えたりさせる、ワンランク上の指導ができます。

　詩を書く授業は、詩集をたくさん用意して、たくさんの詩にふれさせることが必要だと思います。くどうなおこの「のはらうた」のシリーズや金子みすゞの『わたしと小鳥とすずと』など教科書に掲載されている詩の詩集はぜひ紹介したいです。そのほかにも、『動物のうた』（室生犀星作、かすや昌宏絵）、『てんぷらぴりぴり』（まど・みちお作、杉田豊絵）、『阪田寛夫童謡詩集 夕日がせなかをおしてくる』（北川幸比古編、濱田嘉画）なども紹介したい詩集です。

　幼児期から言葉遊びや詩のようなリズミカルな言葉にふれ、学校でも教科書以外の詩にふれる機会があると、詩を書くこともできるようになるでしょう。幼い子どもの言葉は、そのままで詩になっていると思うことがあります。新聞で、幼い子の言葉を書き留めた投稿を目にすることもあります。家庭で子どもが放った言葉で、これぞという表現は、書き留めておくのもいいでしょう。

　ちなみに、授業で使う場合を除いて、出版されている詩を多くの人の目にふれる場所に掲示することには許諾が必要になります。著作権に関する配慮も不可欠です。

6　この時期にお薦めの本

『ノラネコの研究』伊澤雅子文、平出衛絵
　一匹のノラネコのあとをついていき、一日中ノラネコの行動を観察します。絵を見ながら文章を読むと、一緒に観察しているようです。観察の仕方も新しい認識になります。

『ノラネコの研究』
伊澤雅子文、平出衛絵（たくさんのふしぎ傑作集）、福音館書店、1994年

『干したから…』森枝卓士写真・文
　果物や野菜を干すとどうなるか、梅干しや魚、納豆にチーズまで、干して保存する知恵に驚きます。日本だけでなく世界にも目を向け、こんなものまで干すのかと驚いてしまいます。視野を広げてくれる写真絵本です。

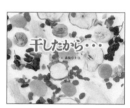

『干したから…』
森枝卓士写真・文（ふしぎびっくり写真えほん）、フレーベル館、2016年

『百まいのドレス』エレナー・エスティス作、石井桃子訳、ルイス・スロボドキン絵

　毎日色あせた同じ服を着ているとからかわれ、それに対し「百まいのドレスを持っている」と答えるワンダ。いじめを止められない葛藤やワンダの強さも描かれ、「百まいのドレス」の意味が明かされます。

『百まいのドレス』
エレナー・エスティス作、石井桃子訳、ルイス・スロボドキン絵、岩波書店、2006年

『ルドルフとイッパイアッテナ』斉藤洋作、杉浦範茂絵

　長距離トラックの荷台に乗ってしまい、東京に来たルドルフ。そこで出会ったノラネコに名前を聞くと、「俺の名前は、いっぱいあってな」と答えられ、「イッパイアッテナ」という名前だと思ってしまいます。岐阜に帰るためのルドルフの冒険が始まります。続篇が4冊出版されています。

『ルドルフとイッパイアッテナ』
斉藤洋作、杉浦範茂絵（児童文学創作シリーズ）、講談社、1987年

『つるばら村のパン屋さん』茂市久美子作、中村悦子絵

　つるばら村で宅配のパン屋さんを開いたくるみさんとお客さんの動物たちがおりなすほっこりした話です。「つるばら村」のシリーズは続いて10冊出版されていて、くるみさんのパン屋さんのほかにはちみつ屋さんや家具屋さんなどが登場します。

『つるばら村のパン屋さん』
茂市久美子作、中村悦子絵（わくわくライブラリー）、講談社、1998年

『びりっかすの神さま』岡田淳

　成績順で座席が決まるクラスなんていやですが、そこにはビリの子にしか見えない「びりっかすの神さま」がいるのです。みんなで力を合わせることの素晴らしさが伝わってきます。同じ作者の『学校ウサギをつかまえろ』は、逃げ出したウサギを協力して捕まえようと、やはり力を合わせる4年生の話です。ほかにも小学校で起きるありえない事件に謎の探偵が登場する摩訶不思議なお話『カメレオンのレオン――つぎつぎとへんなこと』をはじめ「カメレオンのレオン」のシリーズも楽しくて中学年にお薦めです。

『びりっかすの神さま』
岡田淳（偕成社文庫）、偕成社、2006年

『チョコレート戦争』大石真作、北田卓史絵

　光一と明が金泉堂のショーウインドーのチョコレートのお城をのぞいていると、いきなり目の前のガラスが割れてお店の人に犯人にされてしまいます。そこで、2人は仕返しを考えます。子どもたちの知恵を絞った戦いが始まります。

『チョコレート戦争』
大石真作、北田卓史絵（新・名作の愛蔵版）、理論社、1999年

『火曜日のごちそうはヒキガエル』ラッセル・E・エリクソン作、ローレンス・ディ・フィオリ絵、佐藤涼子訳

　シリーズ「新版 ヒキガエルとんだ大冒険」（全7巻）の第1巻です。ミミズクに捕まってしまったヒキガエルのウォートンと誕生日にウォートンを食べようとするミミズクのやりとりが絶妙です。結末までどきどきして、読者にはこの作品から得るものが残るでしょう。

『新版 ヒキガエルとんだ大冒険1 火曜日のごちそうはヒキガエル』
ラッセル・E・エリクソン作、ローレンス・ディ・フィオリ絵、佐藤涼子訳（評論社の児童図書館・文学の部屋）、評論社、2008年

『ロアルド・ダール コレクション2 チョコレート工場の秘密』ロアルド・ダール、クェンティン・ブレイク絵、柳瀬尚紀訳

　映画『チャーリーとチョコレート工場』（監督：ティム・バートン、2005年）にもなった、夢のようなチョコレート工場に招かれるお話。本の世界でチョコレート工場をわくわくしながら探検できます。でも、そこはとんでもない工場だったのです。『ロアルド・ダール コレクション5 ガラスの大エレベーター』が続篇で、同じシリーズの第1巻『おばけ桃が行く』、第16巻『マチルダは小さな大天才』なども人気の作品です。

『ロアルド・ダール コレクション2 チョコレート工場の秘密』
ロアルド・ダール、クェンティン・ブレイク絵、柳瀬尚紀訳、評論社、2005年

『**小さい魔女**』オトフリート゠プロイスラー作、ウィニー゠ガイラー絵、大塚勇三訳

　修行中の小さい魔女は、まだ許されていないのにブロッケン山のワルプルギスの夜の魔女の集まりに出かけていきます。そして「いい魔女」になるための修行が始まります。小さい魔女の成長を応援しながら読み進めていけます。同じ作者の作品『小さいおばけ』（フランツ・ヨーゼフ・トリップ絵、はたさわゆうこ訳）もかわいいお話です。『大どろぼうホッツェンプロッツ』（中村浩三訳）も痛快で人気がある作品です。

『小さい魔女』オトフリート゠プロイスラー作、ウィニー゠ガイラー絵、大塚勇三訳（新しい世界の童話）、学習研究社、1965年

注

(1) 広瀬恒子「親子読書運動」、前掲『新・こどもの本と読書の事典』132ページ
(2) TOHAN「うちどく（家読）」（https://www.tohan.jp/csr/uchidoku/）［2024年7月25日アクセス］
(3) 文部省「学習指導要領一般編（試案）」「第3章 教育課程」1947年
(4) 文部省「学習指導要領一般編（試案）」「Ⅱ 教育課程」1951年
(5) 文部科学省「学習指導要領」「第1章 総則」1998年
(6) 文部科学省「小学校学習指導要領（平成29年告示）解説　総合的な学習の時間編」東洋館出版社、2018年、9ページ

第 **6** 章

小学校高学年（5年生・6年生）の読書
——本との出合いを大切に

1　読書離れしないために

学校で

　第5章で示したように、小学校5・6年生では週29時間の授業時間のうち国語は5時間です。学習内容も増え、中学年よりもさらに読書指導の時間が取りにくくなります。それにともなって読書の機会が減ってくると、「読書離れ」「本離れ」が叫ばれるように読書時間が目に見えて減少する傾向が出てきます。高学年になっても読書習慣の形成は大切です。

　たまに学校図書館を利用するだけで、その時間に読み聞かせを聞いて本を借りて読むのではあまり効果はありません。6年生の学校図書館での様子で、こんな光景を見たことがあります。学校司書による読み聞かせがあり、それが終わると児童は書架から借りる本を探し始めました。担任は、児童から集めたプリントの点検でしょうか、何やら仕事をしています。久しぶりだったらしく本を返す児童はいません。本を借りて着席して読み始める児童もいます。しかし、本を探しているふりをしながらうろうろしているだけだったり、担任の視界に入らない場所で何人かでおしゃべりをしていたりする児童もいました。こんな「図書の時間」では、「時間の無駄」と言われても仕方ありません。

　高学年でもやはり、読書の時間の確保と本と出合う場が大切です。朝読書など全校一斉読書の時間は、読書習慣を形成し文章を読む力を育む大切な時間です。朝読書をしていても、担任が職員打ち合わせなどで不在だと、全員

第6章　小学校高学年（5年生・6年生）の読書　━━　127

が読書をしているとはかぎりません。近年は、職員の打ち合わせを夕方にしている学校も出てきました。

　また、学校図書館を利用させたり、お薦めの本との出合いの場を作ったりしていないと、容易に読める本や少ない情報から気に入った本ばかり読む傾向が出てきてしまいます。毎週は無理でも少なくとも月に1回か2回は、学校図書館で本を借りたり返したりする時間を確保したいものです。探究的な学習のときなどに学校図書館で授業をしたとき、ついでに本を返して借りるのでもいいでしょう。朝読書の時間を月1回でも学校図書館でおこない、貸出と返却もするとか、帰りの会のあと全員で学校図書館に行き、貸出と返却をしてから帰るとか、工夫して貸出・返却の時間を作る必要があります。

　授業に関連する読み物や担任のお薦めの本の紹介も意識的におこないましょう。国語の教科書では、単元に関連した本を紹介していますが、そのままでは手に取る児童は少ないでしょう。学級文庫に置いたり、学校図書館にコーナーを作ったりしても限られた児童しか手に取りません。そこで、実際に本を見せて紹介すると、多くの児童が興味をもってくれます。教科書で紹介されている本に何冊か付け足してブックトークをすることも効果的です。ブックトークは、担任がしてもいいですし、学校司書や司書教諭に依頼してもいいでしょう。

　高学年は、全校の読書活動の中心として活動します。委員会活動もあります。読書習慣の形成には、やはりはたらきかけが大切です。学校教育では、高学年になっても計画的に読書の指導をおこなうことが必要です。

家庭で

　家庭では、生活のなかで読書をすることが当たり前に定着しているのがいちばんです。そこまでになっていなくても、読書の時間を作ることが求められます。大人も読書をする姿を見せましょう。児童書には、大人が読んでもいい本がたくさんあります。以前、『読まれなかった手紙』（杉田秀子文、小坂茂絵）という淡い恋心と戦争を題材にした物語を6年生の女児に薦めたところ、「とてもよかった。お母さんも読んでよかったって言っていました」と報告してくれました。そして、その子から口コミでほかの児童の手にも渡っていきました。この本は、残念ながら現在は電子版でしか販売していないようです。

　テレビや「YouTube」などの視聴やゲームの時間も気になることでしょう。テレビや「YouTube」の視聴やゲームもするけれど、勉強もするし、読書もするという子どもに育ってほしいです。ゲームについては、時間を決めてもなかなか守れないという悩みを多く聞きます。知人は、「明るいうちだけOK。夜はやらない」という約束にしたそうです。曜日を決めている家庭もありました。テレビや「YouTube」などの視聴も子どもと話し合って守れる決まりを作りましょう。

　漫画はどうでしょう。漫画は映像文化と活字文化が融合した文化の一分野です。漫画も読書だということは間違いではありません。しかし、高学年は、読み物を読む習慣を作って長文も読める力を育成する時期です。活字を見たときに苦手意識をもつのか、難なく読めるのか、読書が苦手になるのか喜びや楽しさになるのか、文章に慣れることが大きな鍵になります。映像がなくても言葉で理解する力を習得するとともに、平和や環境、人権など抽象的な概念がテーマの本も読めるようにしましょう。漫画もいいけれど、読み物を読む読書は、やはり大切です。

　読書は大事だとわかっていても、高学年になると、学習塾や稽古事などでとても忙しい子どももいるでしょう。しかし、塾でも読書を重視してお薦めの本を紹介しているようです。学校図書館にいると、あるとき急に「重松清、

第6章　小学校高学年（5年生・6年生）の読書　━━　129

重松清」「森絵都、森絵都」などと言いながらやってくる子どもたちがいました。塾で紹介された作者の本を探しにきたのです。中学受験の面接対策に、最近読んでよかった本と感想を準備している児童もいました。試験問題を読んだときに問題文をじっくり読む力の源も長文を読む力です。

　そして、なんといっても文章を読む力を習得することで、教科書や参考資料を読む力が身に付きます。読書習慣が身に付いている児童は、教科書をすらすらと読むことができます。読書は、余暇の楽しみでもあり、心も頭脳も育てます。自分の考えを表現するための語彙も増えます。文部科学省は、語彙が増えることを重視しています。

「大事なことは、自分の生活を自分で律することができる力だ」と言う人もいます。食事や入浴の時間、ゲームや「YouTube」やテレビの時間、勉強の時間、読書の時間、家庭の一員としての仕事をする時間など、家庭での日々の生活の時間割を自分で作ることは、高学年から中学生・高校生にとって大切なことです。

2　高学年の読書指導目標と内容

　小学校学習指導要領（2017年告示）の国語のなかで、高学年の読書に関する目標は「言葉がもつよさを認識するとともに、進んで読書をし、国語の大切さを自覚して、思いや考えを伝え合おうとする態度を養う」としています。さらに、読書に関する「内容」「言語活動例」「身につけるべき事項」を記しています。

　　○内容〔知識及び技能〕「(3) 我が国の言語文化に関する事項」
　　「オ　日常的に読書に親しみ、読書が、自分の考えを広げることに役立つことに気付くこと」
　　○〔思考力、判断力、表現力等〕「C読むこと　(2) 言語活動例」
　　「ア　説明や解説などの文章を比較するなどして読み、分かったことや

考えたことを、話し合ったり文章にまとめたりする活動」

「イ　詩や物語、伝記などを読み、内容を説明したり、自分の生き方などについて考えたことを伝え合ったりする活動」

「ウ　学校図書館などを利用し、複数の本や新聞などを活用して、調べたり考えたりしたことを報告する活動⁽¹⁾」

　これらのことは、国語の教科書で学ぶだけでなく、各教科での読書指導とも関連させ、個人の読書生活が充実するよう、目標にあるように「進んで読書」をして読書習慣を形成してほしいと思います。例えば「論の進め方について考えること」については、実際に何かを調べるときにピンポイントの情報を得るだけでなく、どのような論の進め方のなかでそのようなことが述べられているのか考えることが必要です。それができるようになるには、やはり紙の本を読むことが欠かせません。

3　目標をもって主体的に読む

より主体的な読書

　小学校学習指導要領（2017年告示）の国語で高学年の目標にある「進んで読書」をするとは、低学年で読書に親しみ、中学年で読書の幅を広げるという経緯から考えると異質な気もします。しかし、この「進んで」という意味を「主体的に」と解釈すると納得できました。高学年では、おもしろそうという理由だけでなく、読書によって自己の向上が感じられるような本も読みたくなってきます。娯楽としての読書は一生続きます。娯楽としての読書と教養や自己の向上のための読書、どちらも意識してできるよう、いろいろな本と出合ってほしいです。

　5年生の男児が「何かおもしろい本ありませんか？」と言ってきました。「どんな本が読みたいの？」と聞くと、「クラスで友情の熱いやつ」と答えてきました。また、図書委員会主催の全校集会で何をしようか相談すると、

第6章　小学校高学年（5年生・6年生）の読書　━━　131

「学校図書館にはいい本がたくさんあるけれど、なかなか手に取ってもらえない本もある。そういう本を紹介しよう」と決まったこともあります。

　指導や環境次第で子どもたちの読書欲求はレベルアップします。高学年でも低学年や中学年と同様に、国語など単元の学習に関連した作者やテーマの本を読む指導がおこなわれます。例えば国語では、「雪わたり」「注文の多い料理店」「やまなし」など宮沢賢治の作品が教科書教材になっています。教科書での学習に並行して、教科書教材以外の宮沢賢治の作品をいくつか読んでほしいです。「セロ弾きのゴーシュ」「どんぐりと山猫」「風の又三郎」などは、小学生にもわかりやすいと思います。絵本になっているものとしては、「福音館創作童話」シリーズの『雪わたり』（堀内誠一画）と『セロ弾きのゴーシュ』（茂田井武絵）がかわいらしい絵で読みやすいです。また、偕成社からは『注文の多い料理店』（島田睦子絵）、『どんぐりと山猫』（高野玲子絵）、『よだかの星』（中村道雄絵）、『オツベルと象』（遠山繁年絵）など小学生でも読める作品が「日本の童話名作選」として出版され、多くの図書館や学校図書館にあると思います。「銀河鉄道の夜」や「風の又三郎」は、岩波少年文庫や講談社青い鳥文庫の作品集にも収録されています。

　さらに、国語の教科書では、自分のお薦めの本を紹介する単元や伝記も登場します。国語や学校生活のさまざまな場面で本と出合いながら、高学年に

なったら、いつも読みかけの本があり、次に読みたい本があり、友達と本の話ができるような、そんな読書生活が送れればいいと思います。

　長篇作品は、読み始めから引き付けられれば申し分ありませんが、そうでなくても冒頭の10ページか20ページぐらいは、ちょっと我慢して読んでみましょう。そのうち作品の世界に入り込めるでしょう。それでも、いまの自分には難しいとか合わないなどという人は無理をせず、時間をおいて、また手に取ってもらえればうれしいです。

伝記を読む

　高学年の読書でぜひ出合いたいのが伝記です。伝記を読むことは、学習指導要領の「読むことの言語活動例」に示してあるので、教科書でも取り上げています。学校図書館や地域の図書館でいろいろな人の伝記に親しんでほしいです。

　図書館で伝記を探すには、日本十進分類法で「28」の棚に行きます。日本十進分類法は、日本の図書の標準分類法で、多くの図書館や学校図書館が採用しています。英語で Nippon Decimal Classification なので NDC と略されています。3桁、第3次区分で表されている場合は、2人までの個人伝記は「289」、3人以上で日本人だけの伝記が掲載されているものは「281」、外国人も含んでいる場合は「280」にあります。

　日本十進分類法では、個人伝記に注記があり、「哲学者、宗教家、芸術家、スポーツマン、書芸に携わる者および文学者（文学研究者を除く）の伝記は、その思想、作品、技能などと不可分の関係にあるので、その主題の下に収める」とあります。しかし、いろいろな公立図書館を調べてみると、児童書は一般の伝記と同じように分類している図書館も多いようです。小学校の学校図書館でも、伝記は1カ所にまとめているところもあります。

　伝記には、漫画や絵本もあります。一時期、伝記というよりはその人の業績を調べるための資料として編集された本が多く出版されたことがありました。子どもたちにどんな伝記を読んでほしいか、矢野四年生の5項目が参考になります。

第6章　小学校高学年（5年生・6年生）の読書 ━━ 133

矢野四年生は、「伝記を読んでの感動というものは、すべてが偉かったとする、道徳のおしつけのようなものではなく、その人物が達成した業績までの軌跡、欠点や失敗もあったが、真実一路に生きた人間への感動、共感にあるのだと思う」「称賛一辺倒でない、たのまれ仕事ではなく、その人物の人間像に惚れこんだ人間ドラマを見せてほしいものである」と述べ、伝記を選ぶときの目安として5項目を挙げています。

　　①その人物の行動や業績が、歴史的・社会的背景の中で描かれているか
　　②その人物の生涯が、欠点も含めて、全人的にとらえられているか
　　③著者とその人物とのかかわりに、意義がみとめられるか
　　④文献や実地調査による考証がなされているか
　　⑤文学的形象性が豊かで、感動深い作品となっているか[2]

　漫画の伝記も絵本の伝記も、業績やエピソードを知るだけでなく、その人の生き方やものの考え方にふれることができる作品を読んでほしいです。
　絵本の伝記は、絵本架に排架している学校図書館や図書館もありますが、伝記として評価できるものは、伝記として分類するといいでしょう。『キング牧師の力づよいことば――マーティン・ルーサー・キングの生涯』（ドリーン・ラパポート文、ブライアン・コリアー絵、もりうちすみこ訳）や『絵本 アンネ・フランク』（ジョゼフィーン・プール文、アンジェラ・バレット絵、片岡しのぶ訳）などは、絵本架にあると気づきにくいですし、『木のすきなケイトさん――砂漠を緑の町にかえたある女のひとのおはなし』（H・ジョゼフ・ホプキンズ文、ジル・マケルマリー絵、池本佐恵子訳）や『耳の聞こえないメジャーリーガー ウィリアム・ホイ』（ナンシー・チャーニン文、ジェズ・ツヤ絵、斉藤洋訳）などは、絵本架にあると伝記とはわかりにくいでしょう。『耳の聞こえないメジャーリーガー ウィリアム・ホイ』は伝記ですが、野球選手なので、日本十進分類法のとおりだと「783」に分類されます。伝記の書架に入れる場合は「289」になります。

短篇や絵本を読む

　高学年向けの児童書は、中学年向けよりも文字がやや小さめになり、行間も少し狭くなります。中学年で少し長い文章に慣れていないと、読むことが面倒くさくなってしまいます。そのような傾向の児童を想定して「5分で読める」「10分で読める」などと銘打った短篇も出版されています。文章を読むのが苦手だろうから薦めるのではなく、作品をしっかり評価して薦めたいです。

　星新一は、ショートショートという超短篇を世に広めました。『きまぐれロボット』や『星新一ショートショートセレクション』（全15巻、和田誠絵）などの作品集が出版されています。児童書ではありませんが、高学年なら十分に楽しめます。ほかにもオー・ヘンリーの短篇「最後のひと葉」や「賢者の贈り物」（短篇集『最後のひと葉』に収録）、小松左京の『宇宙人のしゅくだい』（堤直子絵）などは、教科書の教材にもなったことがある作品です。ショートショートや短篇作品は、短いから読みやすいという利点はたしかにあります。しかし、そのものの魅力やよさがあり、そこに込められたテーマやウイットに富んだストーリーや表現は、小学校高学年以上だからこそ理解できる質の高さがあります。

　高学年向けの絵本もたくさん出版されています。『やまとゆきはら——白瀬南極探検隊』（関屋敏隆作）は100年前の大冒険ノンフィクションで、読み応えがある作品です。『エンザロ村のかまど』（さくまゆみこ文、沢田としき絵）は、ケニアへの支援としてかまどやぞうりを提供した実話をつづるノンフィクションです。『おじいちゃんは水のにおいがした』（今森光彦）は、琵琶湖で漁師を営む三五郎さんの生活を紹介する写真絵本です。『図書館に児童室ができた日——アン・キャロル・ムーアのものがたり』（ジャン・ピンボロー文、デビー・アトウェル絵、張替惠子訳）、『本のれきし5000年』（辻村益朗作）で、本や図書館のことに関心をもつのもいいでしょう。『バスラの図書館員——イラクで本当にあった話』（ジャネット・ウィンター絵・文、長田弘訳）は、戦争から本を守るために図書館から本を避難させた実話をもとにし

た話です。日本でも、都立日比谷図書館（現・日比谷図書文化館）の館長・中田邦造が40万冊の本を疎開させて守りました。

また、『エジプトのミイラ』（アリキ・ブランデンバーグ文・絵、神鳥統夫訳、佐倉朔監修）、『絵とき ゾウの時間とネズミの時間』（本川達雄文、あべ弘士絵）、『トイレのおかげ』（森枝雄司写真・文、はらさんぺい絵）など、高学年の児童に薦めたいさまざまな分野の本があります。多彩な分野の本や絵本を読んで、知識を増やしたり関心をもったりしてほしいです。

ダイジェストされた文学作品のこと

中・高学年向けの読み物のなかには、長く読み継いでいきたい名作とされる作品を読みやすいようにリライトし、内容をダイジェストした作品や、アニメを書籍化した「アニメ版」として刊行している作品がたくさんあります。これについては意見が分かれます。

名作といわれる作品は、思春期に読んでほしいものがたくさんあります。その作品を理解できる年齢になってから読んでほしいという意見が一つです。3・4年生ぐらい向けにリライトされた作品でも、作者が思いを込めて自分の著作として著した、内容がしっかりした作品もあります。しかし、あえてリライトで読まなくてもいいと思う作品もあるのではないでしょうか。

私の経験です。中学生のとき、あすなひろしの漫画で『嵐が丘』（エミリー・ブロンテ原作）を読んで、いたく感動しました。漫画でも「読む」という感覚でした。ぜひもとの話を読んでみたいと当時の中学校の図書室で探して見つけ、借りて読みました。そして、なんの感動もなくがっかりしました。あとから思うと、ダイジェストされたものだったのです。

もう一つ、夏目漱石の『坊っちゃん』をリライトした本のなかに、「下女の清」を「家政婦の清」と記しているものがありました。現代では「下女」という言葉は使いたくないでしょう。しかし、この作品のなかで坊っちゃんと下女・清の関係はとても重要です。当時の「下女」の存在は、いま私たちが想像する家政婦のイメージとは異なるからです。坊っちゃんと清はお互いにかけがえのない存在なのだと思います。ところが、「家政婦の清」という

書き方ではその肝心なところが表せません。私は、注書きをしてそのまま「下女の清」と表現してほしかったと思いました。

　別の意見は、あらかじめリライトした作品で読んでおくと、ある程度の年齢になってから、原作やしっかりした翻訳を読むきっかけになるのではないかという考えです。子どもたちがそのときに楽しんで読むことも決して無駄ではないということです。

　児童書ではありませんが、『源氏物語』は何人もの作家の現代語訳が出版されています。読みやすい訳もあれば、ちょっと難しい訳もあるかもしれません。どれも訳者その人の著書として評価できる素晴らしい現代語訳です。『星の王子さま』や『赤毛のアン』も複数の訳書が出版されています。読み比べてみるのもいいでしょう。

　最初の翻訳が最良というわけではありません。しかし、子どもの本は、読むのは子どもで、買ったり手渡したりするのはたいてい大人です。子どもの手に渡す作品は、大人が評価できる作品であることが大切です。

4　読書から広がる探究的な学習

　高学年になると、自己を向上させる本も読もうと思うようになると述べましたが、さらに、社会の一員として自然や社会のことを知り、課題意識をもつようにもなります。自然や社会が抱える課題を解決するための第一歩が知ることです。児童の読書感想文でよく目にする言葉に、「自分ができることは、まず知ること」という言葉があります。いま、探究的な学習などで、自分が知りたいことや調べたいことを調べるという学習が重視されていますが、読書によって身の回りのさまざまな課題を知ることや考えることは、その土台になります。

　例えば、SDGs（持続可能な開発目標）が掲げる目標は、それぞれ無関心ではいられない目標です。しかし、これらの目標は、どれをとっても複雑で深い内容です。ちょっと調べて答えが出てくるような課題ではありません。本

第6章　小学校高学年（5年生・6年生）の読書 ━━ 137

章では以下に、環境、戦争と平和、人権がテーマになっている本を取り上げました。自然環境をテーマにした本は、目標の11から15に関連してくるでしょうし、平和や戦争に関する本は、目標の1から4、10、16あたりに関連するでしょう。人権に関する本は、目標の1から5、10、16、17などが関わってくるでしょうか。

SDGs17の目標

1　貧困をなくそう
2　飢餓をゼロに
3　すべての人に健康と福祉を
4　質の高い教育をみんなに
5　ジェンダー平等を実現しよう
6　安全な水とトイレを世界中に
7　エネルギーをみんなに。そしてクリーンに
8　働きがいも経済成長も
9　産業と技術革新の基盤を作ろう
10　人や国の不平等をなくそう
11　住み続けられるまちづくりを
12　つくる責任、つかう責任

13　気候変動に具体的な対策を
14　海の豊かさを守ろう
15　陸の豊かさも守ろう
16　平和と公正をすべての人に
17　パートナーシップで目標を達成しよう

「日本ユニセフ協会・SDGs CLUB」（https://www.unicef.or.jp/kodomo/sdgs/）

　フィクションもノンフィクションも含めて多くの本を読み、新聞やテレビ、インターネット上のニュースを見たり大人と話をしたりして、いろいろなことに関心をもち、深めていってほしいです。高学年向けの本は大人が読んでも興味深いものです。学校でも家庭でも、視野を広げ、深く考える力や課題意識を育てる本を子どもと一緒に読みましょう。探究的な学習のプロセスについては第5章で述べましたので参照してください。

読書で自然環境を考える

　現代社会では、ごみ問題や環境破壊、地球温暖化など地球規模で自然環境を考え、豊かな地球を維持するための方策が喫緊の課題です。児童向けの本も、自然環境の現状を知り、考えさせられる内容の本が数多く出版されています。
　『木を植えた人』（ジャン・ジオノ著、原みち子訳）と、それを絵本にした『木を植えた男』（ジャン・ジオノ原作、フレデリック・バック絵、寺岡襄訳）はフィクションですが、不毛の地だった南フランスのプロバンスに木を植え続け、森をよみがえらせた男の物語です。自然破壊への警告者として有名なレイチェル・カーソンの著書は『沈黙の春』（青樹簗一訳）が有名ですが、小学生には難しいかもしれません。『センス・オブ・ワンダー』（上遠恵子訳）は、小学生でも十分理解できるでしょう。
　富山和子の『道は生きている』『川は生きている』『森は生きている』『お米は生きている』『海は生きている』のシリーズは、ノンフィクションの読

第6章　小学校高学年（5年生・6年生）の読書 —— 139

み物として多くの図書館や学校図書館で入手できます。どれも小学生にわかりやすく、しっかりと書いてあります。星野道夫の写真絵本『森へ』は、自然の素晴らしさをよく捉えていて、この自然を守らなければならないという思いが湧いてきます。『あるヘラジカの物語』（星野道夫原案、鈴木まもる絵・文）も、自然に生きる命を考えさせられます。『みみずのカーロ──シェーファー先生の自然の学校』（今泉みね子）は、ドイツの小学生が、みみずのカーロが土に返してくれるごみとそうでないものがあることを学んでいく話です。

　ツバルは、地球温暖化の影響で消滅しそうな国です。ツバルの人々にとって環境を守ることは、国がなくなるかどうかの大問題です。写真絵本に『ツバル──海抜1メートルの島国、その自然と暮らし』（遠藤秀一写真・文）や『地球温暖化、しずみゆく楽園 ツバル──あなたのたいせつなものはなんですか?』（山本敏晴写真・文）などがあります。『クジラのおなかからプラスチック』（保坂直紀）は、海のプラスチックごみやマイクロプラスチックなど、海洋プラスチックごみの問題を取り上げた本です。

「自然環境を破壊してはいけない」「環境をよりよくしていくためには身近なできることから始めよう」と、概念としてはわかっています。しかし、一冊一冊の本のなかには、著者の願いや生き方が詰まっています。読書をすると、うわべだけの理解でなく自らの考え方や感じ方、人格が形成されていきます。子どもたちが地球の未来を託せる一人ひとりに育っていくことを期待しています。

読書で社会問題を考える

　戦争・平和や人権問題も大きな課題です。ウクライナやイスラエルをはじめ世界の情勢を考えると、21世紀になっても人と人が堂々と殺し合うなんておかしい、戦争は二度と起こしてはならないと、心から思います。戦争のことを考えると本当に恐ろしいです。

　第二次世界大戦のときには、日本中の働き盛りの男性が兵士として動員されていきました。私の叔父も26歳のときにサイパンで亡くなっています。

学徒出陣で学生までもが兵隊になりました。母は、栃木県に集団疎開していた弟に面会にいきましたが、東京に帰ってきたら一面が焼け野原になっていたそうです。東京大空襲ではなく5月の山の手の空襲のときだったようです。秋葉原までしか電車が動かなくて、秋葉原から新宿区の落合まで歩いたそうです。途中、焼けただれた死体をたくさん見ましたし、死体が積んである場所もあったそうですが、こうなるともう、怖いとか気持ちが悪いとかいう感情もなくなってしまったといいます。母の友達は、嫁入り先で食べるものがなくなって死んでしまったそうです。

　実際に戦争を体験した人から話を聞く機会は少なくなってきましたが、戦争を記録した多くの書籍は伝えていく必要があります。戦争や平和がテーマの児童書は、作者自身の被爆体験を題材にした漫画『はだしのゲン』（中沢啓治）が有名です。原爆の悲惨さだけでなく、そこから力強く生き抜いていく姿も描かれています。絵本『ひろしまのピカ』（丸木俊）は、原爆投下後のヒロシマの惨状を目の当たりにしての作品です。小学生には残虐すぎるという人もいますが、現実はその比ではなかったわけです。原爆の恐ろしさを風化させないために大切な作品です。

『飛べ！千羽づる──ヒロシマの少女 佐々木禎子さんの記録』（手島悠介作、pon-marsh絵）は、2歳のときに被爆し、小学校6年生で亡くなった佐々木禎子さんの実話です。東京大空襲で母と2人の妹を失い、目の前で父を銃撃で亡くした著者が自ら著した『ガラスのうさぎ』（高木敏子作、武部本一郎画）、沖縄本島で戦場をさまよい、ひとりで白旗を掲げてアメリカ軍に投降した少女の話『白旗の少女』（比嘉富子著、依光隆絵）など、戦争を生き抜いた人々の話は、戦争の怖さ、悲惨さを実感とともに伝えてくれます。『ゆびきり』（早乙女勝元著、いわさきちひろ絵）や『はらっぱ──戦争・大空襲・戦後…いま』（西村繁男画、神戸光男構成・文）には、子どもたちが遊び、暮らす、幸せな日常があっという間になくなってしまう戦争の現実を描いています。

『さがしています』（アーサー・ビナード作、岡倉禎志写真）は、広島の平和記念資料館に収蔵されている展示物が語りかける写真絵本です。展示物が詩人アーサー・ビナードの言葉になって読者に訴えてきます。『まっ黒なお弁

当』（児玉辰春作、北島新平絵）、『絵本 まっ黒なおべんとう』（児玉辰春文、長澤靖絵）の題材になったお弁当の写真も掲載されています。

『あのころはフリードリヒがいた』（ハンス・ペーター・リヒター作、上田真而子訳）は、アドルフ・ヒトラー政権下のドイツで知らず知らずのうちに差別され、死んでいった少年の物語に胸が痛みます。

『せかいいちうつくしいぼくの村』（小林豊作・絵）は、アフガニスタンのパグマン村に住む少年の生活を描いています。お父さんと市場に果物を売りに出かけ、市場の様子にわくわくし、帰ってくると美しい村の風景が迎えてくれる、そんなほっこりした気持ちで美しい絵の絵本を読んでいくと、最後に「このとしのふゆ、村はせんそうではかいされ、いまはもうありません」という言葉に直面します。東京書籍の4年生国語の教科書教材にもなっているので4年生が読んでもいいですし、絵本ですが5・6年生が読んでも十分に読み応えがあります。

『イクバルの闘い——世界一勇気ある少年』（フランチェスコ・ダダモ作、荒瀬ゆみこ訳）は、絨毯工房で奴隷のように働かされる児童労働の実話をもとにした話です。この話のモデルになったイクバルは、児童労働をなくそうと活動しますが、12歳のときに射殺されてしまいました。イクバルについて書かれた伝記絵本『イクバル——命をかけて闘った少年の夢』（キアーラ・ロッサーニ文、ビンバ・ランドマン絵、関口英子訳）も出版されています。

　女性の教育を禁止するタリバンに屈せず、学び、活動している、ノーベル平和賞受賞者マララ・ユスフザイに関連した児童書は『武器より一冊の本をください——少女マララ・ユスフザイの祈り』（ヴィヴィアナ・マッツァ著、横山千里訳）、『わたしはマララ——教育のために立ち上がり、タリバンに撃たれた少女』（マララ・ユスフザイ／クリスティーナ・ラム著、金原瑞人／西田佳子訳）、『マララ・ユスフザイ』（リサ・ウィリアムソン著、マイク・スミス画、飯野眞由美訳）など数冊が出版されています。

　このような本は、出版時に一躍話題になって多くの児童に読まれました。今後も引き続き紹介していきたい作品です。

5　読書感想文のこと

読書感想文を書くこと

　高学年になると、読書感想文が夏休みの宿題になることが多いようです。私は、読書感想文は、作文指導と読書指導の一環として学校で指導するべきだと考えています。反対に、読書感想文を書かせると読書嫌いになると思っている人もいるようです。日頃から読書に親しまずに、感想文を書くために読書をしなさいと強いられたら読書嫌いになるのは当たり前です。また、文章を書く力が育っていなければ、自分の思いや考えを文章で表現することはとても難しいでしょう。

　読書に親しみ、いろいろな本を読んで読書の幅を広げ、成長の糧になるような本とも出合い、読書によって自分のことや家族のこと、社会や自然などについて考え、それを文章で表現したものが読書感想文です。読書感想文を書くことは、読書によって物事を深く考えたり自己を見つめたりするいい機会になります。さらに、文章による自分の考えの発信と捉えることもできます。SNS が普及し、短い文章を書くことが増えてきた現代、読書感想文を通じて、読む力、考える力、少し長い文章を書く力を育てたいものです。

　全国学校図書館協議会と毎日新聞社が主催する青少年読書感想文コンクールは学校を通しての応募で、学校代表作品が地域審査会、都道府県審査会、中央審査会と選考されていきます。自由読書と課題読書の部門があり、課題図書は、前年1年間の新刊から選定されています。旺文社主催の全国学芸サイエンスコンクールにも読書感想文部門があります。こちらは、学校や塾などでまとめての応募と個人での応募があります。読書感想文のコンクールは、そのほかにもいろいろあるので、個人で応募できるものに応募するのもいいでしょう。読書感想文のためには、発達段階に応じた本を選ぶことを重視したいです。

第6章　小学校高学年（5年生・6年生）の読書 ━━ 143

読書感想文の書き方

　読書感想文の書き方に関する本はたくさん出版されていますが、選書の理由、粗筋、いちばん気に入ったところ、この本から学んだこと、などという形式に当てはめただけでは魅力ある感想文は書けません。

　一方、自分と比べたり、自己を深く考えたりして、読書によって自分がどれだけ成長したかを表現することは大切なのですが、本ではなく自分のことばかりを述べた作文になってしまいがちです。対象図書をしっかり読むことが大切です。

　書き方としては、まず感想メモなどを参考に構成を考えます。書き出しと結末は特に重要です。感想文の題は最後に、その感想文を象徴するような自分の思いが伝わる題を考えましょう。書き終わったら、推敲して清書します。日常の作文や読書記録などでは毎回は必要ないでしょうが、提出する「作品」は、誤字や脱字、主述関係などの文法や表記の点検、そして人権についての配慮など、内容の推敲をしっかりおこないましょう。

　ここでは読書感想文を取り上げましたが、絵画で表現すれば読書感想画になるわけです。

6　この時期にお薦めの本

『夏の庭 The Friends』湯本香樹実

　夏休みに人が死ぬところを見たいと、4人の少年がひとり暮らしのおじいさんを見張り始めます。そのうちに、おじいさんとの交流が始まり、少年たちに変化が現れます。映画にもなり、ずっと読み継がれている作品です。

『夏の庭 The Friends』
湯本香樹実（新潮文庫）、新潮社、1994年

『バッテリー』全6巻、あさのあつこ作、佐藤真紀子絵

　これも映画になりました。自信家で協調性がないが天才的なピッチャー巧とバッテリーを組むキャッチャー豪の友情物語です。第2巻以降は中学生の話ですが、小学校高学年にもよく読まれています。野球好きの男子には特にお薦めです。

『バッテリー』
あさのあつこ作、佐藤真紀子絵（角川つばさ文庫）、角川書店、2010年

『コロボックル物語 1 だれも知らない小さな国』
佐藤さとる作、村上勉絵

　「ぼく」は、自然が残る小山で暮らす小人コロボックルに出会い、交流が始まります。コロボックルは普段は雨蛙の皮を被っていて、大きな人にはわかりません。環境破壊の話も盛り込まれ、淡い恋心も織り込まれ、穏やかな感動が残る名作です。「コロボックル物語」のシリーズは全6巻あります。

『コロボックル物語 1 だれも知らない小さな国 新イラスト版』
佐藤さとる作、村上勉絵、講談社、2015年

『二分間の冒険』岡田淳著、太田大八絵

　体育の授業中、保健室に行くはずが、不思議な黒猫に誘われて、竜と戦うことになってしまいます。現実の世界に帰ってくるとたった2分しかたっていませんでした。岡田淳のファンタジーはファンが多いです。

『二分間の冒険』
岡田淳著、太田大八絵（偕成社の創作）、偕成社、1985年

『**ぼくのお姉さん**』丘修三作、かみやしん絵

「いまはこんなことはないだろう」と思いながらも感情移入してしまう、障害者差別に目を向けた短篇集です。意地悪な人や子どもも出てきますが、やさしい人も出てきます。長く読み継いでいきたい作品です。

『ぼくのお姉さん』
丘修三作、かみやしん絵（偕成社の創作）、偕成社、1986年

『**トムは真夜中の庭で**』フィリパ・ピアス作、高杉一郎訳

弟がはしかになり、トムは知り合いの家に預けられます。夜中の「13時」になると庭園が現れ、そこで少女に出会います。時代を超えたファンタジーで、どんどん読めてしまいます。

『トムは真夜中の庭で』
フィリパ・ピアス作、高杉一郎訳（岩波少年文庫）、岩波書店、2000年

『**秘密の花園**』F・H・バーネット作、猪熊葉子訳、堀内誠一画

両親を亡くし、親戚に引き取られたメアリは、親戚の大きなお屋敷にある鍵がかかった庭を見つけます。さらに、隠されたいとこの存在が明らかになります。いろいろな出来事に直面しながら成長していくメアリの姿を描いています。

『秘密の花園』
F・H・バーネット作、猪熊葉子訳、堀内誠一画（福音館古典童話）、福音館書店、1979年

『裏庭』梨木香歩

作品の舞台は日本ですが、イギリス人が住んでいたお屋敷の庭が舞台です。その庭は、大きな鏡のなかにある「裏庭」です。輝美は裏庭の世界に入っていきますが、そこは崩壊の危機に瀕しています。イギリス人にとって庭は特別な存在なのです。

『裏庭』
梨木香歩（理論社ライブラリー）、理論社、1996年

『ローワンと魔法の地図』（「リンの谷のローワン」第1巻）、エミリー・ロッダ作、さくまゆみこ訳、佐竹美保絵

村を流れる川が枯れてしまい、水を取り戻すために選ばれた村人が恐ろしい竜がいるという山の頂を目指して出かけることになります。頼りになるのは不思議な地図なのですが、ローワンには、ほかの村人が読めないその地図が読めたのでした。全5巻の大冒険ファンタジーです。

『ローワンと魔法の地図』
（「リンの谷のローワン」第1巻）、エミリー・ロッダ作、さくまゆみこ訳、佐竹美保絵、あすなろ書房、2000年

『ナルニア国ものがたり』全7巻、C・S・ルイス作、瀬田貞二訳

衣装だんすのなかに入ると、別世界のナルニア国につながります。4人のきょうだいの大冒険は映画にもなりましたが、本の世界でしっかり味わってほしいです。

『ライオンと魔女』
（ナルニア国ものがたり）、C・S・ルイス作、瀬田貞二訳（岩波少年文庫）、岩波書店、2000年

第6章　小学校高学年（5年生・6年生）の読書

注

（1）文部科学省「小学校学習指導要領（平成29年告示）国語」東洋館出版社、2018年、37 - 38ページから抜粋。

（2）矢野四年生、足立の学校図書館を考える会編『新訂 子どものための伝記の本』のべる出版企画、2002年、35ページ

第7章

中学生・高校生と読書
——思春期の読書

1 読書離れも背伸びも

不読者の増加

①中学生の不読者

　中学生や高校生になると部活動が始まり、学習時間も増えて忙しくなり、残念なことに読書から遠ざかってしまう生徒がさらに増えるのが現状です。全国学校図書館協議会が実施した「第68回学校読書調査（2023年）」（図7）によると、5月1カ月間に読んだ本が0冊の児童・生徒数は、小学生7.0%、中学生13.1%、高校生43.5%です。中学生の不読者は、過去31年間の推移をみると2001年度までは半数程度いましたが、02年度から減りだし、07年度以降は10%台が続いています[(1)]。

　これは、1990年代から文部科学省が学校図書館の施策や子どもの読書に力を入れてきたことが要因の一つと考えられます。97年に学校図書館法が改正され、2003年度から12学級以上の学校で司書教諭が配置されました。2000年は「子ども読書年」でした。01年に「子どもの読書活動の推進に関する法律」が施行され、この法律に基づいて02年には「子どもの読書活動の推進に関する基本的な計画」が策定されました。現在すべての都道府県で本計画は策定され、21年度末で83.5%の市町村が策定しています[(2)]。公立の小・中学校は、自治体、特に教育委員会の取り組みが大きく反映されます。

　ちなみに小学生の不読者が若干増えているのは、GIGAスクール構想で端末が1人1台配布され、ICT活用を重視するあまりに、読書や学校図書館の

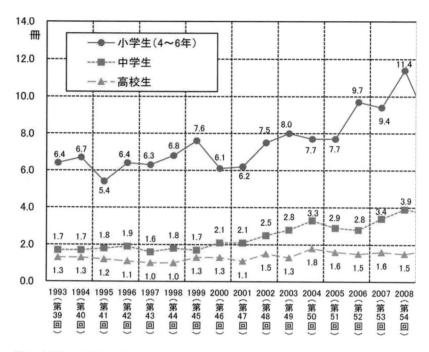

図7　小学生・中学生・高校生の1カ月間の平均読書冊数（1993 - 2023年）
（出典：公益社団法人全国学校図書館協議会「第68回学校読書調査（2023年）」［https://www.j-sla.or.jp/material/research/dokusyotyousa.html］［2024年7月25日アクセス］）

活用を軽視する学校が現れてしまったことが一つの要因として考えられます。また、多くの小学校でおこなわれている朝読書の時間をほかの学習の時間に充てる学校があることも理由の一つでしょう。

②高校生の不読者

　高校生の不読者は中学生と同じように推移していますが、生徒の半数前後が1カ月に読んだ本が0冊という状況です。

　2023年3月28日には、「第五次子どもの読書活動の推進に関する基本的な計画」(3)が閣議決定されました。ここでは4つの基本的方針を示していて、その第1が「不読率の低減」です。文部科学省の通知には、「特に高校生の不

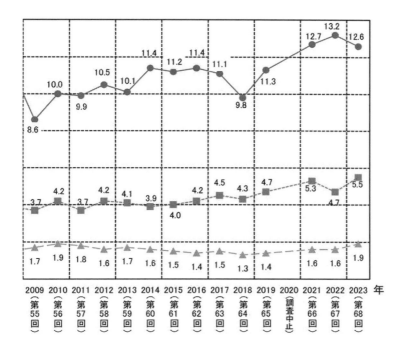

読率の低減については、乳幼児期から中学生までの切れ目ない読書習慣の形成を促すとともに、探究的な学習活動での学校図書館等の利活用など、主体的に読書に興味・関心を持てるような取組の推進を図るようお願いいたします」(4)という言葉があります。各学校での取り組みの成果か、23年度の調査では高校生と中学生の不読者が減少しています。

　それにしても高校生の不読者が多いのは、学校で読書をする時間の確保ができていないことが理由として考えられます。文部科学省の「令和2年度「学校図書館の現状に関する調査」について」(5)によると、2019年度末で全校一斉の読書活動の実施状況は、小学校90.5％、中学校85.9％に対し、高等学校は39.0％です。学校教育のなかで読書の時間を保障することと本との出合

第7章　中学生・高校生と読書　151

いの場を作ることは、児童・生徒の読書の量と質にとって大切な要因だと考えます。ほかにも1993年に「学校図書館図書標準」が出されましたが、高等学校は対象になっていないことも要因の一つかもしれません。

　個々の子どもの成長発達については、思春期に入り、いわゆる反抗期も現れることが考えられます。反抗期と呼ばれるのは一般的ではありますが、私は大学で「反抗期は独立期です」と学び、そのとおりだと思い、それ以来「独立期」と呼んでいます。この時期になると本の世界にのめり込む生徒もいれば、一時的に読書をしなくなる生徒もいるようです。わが子2人が後者でした。しかし、一時的に本から離れても、反抗期が終わればいつの間にか本を読むようになっていました。反抗期による読書離れは心配しないで、親も子も上手に反抗期を乗り越えましょう。

③すべての生徒に読書を

　部活や受験で忙しいことも、中学生・高校生の読書離れの要因だと実感している方も多いでしょう。たしかに中学生・高校生は忙しいでしょう。しかし、試験問題の文章を見て、そこで拒否反応を感じてしまう生徒は受験でも苦労するでしょう。小さな文字でびっしり書かれた問題でも丹念に読む力がある生徒は、それだけで優位です。読書から得られる豊かな人間性や思考力・判断力などは部活にも生かされるでしょう。すべての生徒に中学生・高校生だからこその読書をしてほしいものです。

「第五次子どもの読書活動の推進に関する基本的な計画」の「不読率の低減」以外の柱は、「多様な子どもたちの読書機会の確保」「デジタル社会に対応した読書環境の整備」「子どもの視点に立った読書活動の推進」です。「多様な子どもたちの読書機会の確保」は、第8章で取り上げます。「デジタル社会に対応した読書環境の整備」に関しては、情報センターとしての学校図書館の整備と多様なメディアの活用に力を入れていくことが大切です。「子どもの視点に立った読書活動の推進」については、購入してほしい本をリクエストできる学校図書館や、児童・生徒同士のお薦めの本の紹介など、いろいろな取り組みがますます増えるといいと思います。しかし、何もしないで

　児童・生徒のリクエストを最優先するのでは、娯楽として楽しむ本ばかりの学校図書館になりかねません。発達段階に応じて手に取ってほしい本との出合いを作ったり、自然や社会などいろいろなことへの興味・関心を育てたりすることが土台として不可欠です。

ちょっと背伸びも

　中学生・高校生で不読者が増える一方、ちょっと背伸びして読む本を選んだり、本で大人の世界をのぞいてみたりする生徒も出てきます。

　先日、友人と話していたところ、大江健三郎の作品を初めて読んだときの話になりました。友人は、高校生のときに「性的人間」を読んで「衝撃が強すぎた」と語っていました。私は、森鷗外の「舞姫」を読んだあとに「鷗外がこんな作品も書いている」と興味をもって「ヰタ・セクスアリス」を読んだ記憶がよみがえってきました。ちなみに、私の初めての大江作品は、『万延元年のフットボール』でした。社会的に話題になったので読んでおかなくてはと思い、難しそうでしたが読みました。この本が発売されたのは私が15歳のときですから、ストーリーは理解できた記憶がありますが、残ったのは「読んだ」という満足感だけだったように思います。本人はそれでもよかったのです。中学生・高校生の私は、ヨハン・ヴォルフガング・フォン・ゲーテの『若きウェルテルの悩み』、ヘルマン・ヘッセの『車輪の下』、さら

に被差別部落を扱った『橋のない川』（住井すゑ）や『破戒』（島崎藤村）などをとにかく読んでおこうと思いました。夏目漱石の『吾輩は猫である』もダイジェストでなく読んでみようと手に取り、結局難しいところは飛ばして読んだ気になりました。

　現代だと、『ノルウェイの森』や『1Q84』など村上春樹の著作がちょっと背伸びの読書になるのではないでしょうか。

　大人になってからも、「話題の本だから読んでみたい」「この本は読んでおこう」「この本は読む価値がある」などという理由で本を読むことはよくあります。あとで述べる芥川賞、直木賞、本屋大賞など文学賞を受賞した作品も「読んでみよう」という対象になり、多くの中学生・高校生に読まれています。それは、読書に親しむとともに、自分の考えを広げたり深めたりする読書をすること、さまざまな立場や考え方があると知ること、自分の生き方を考えたり社会との関わりを学んだりすることにつながります。

　授業やホームルームなどで教員が本の紹介をする、教室や廊下などに本の紹介の展示・掲示がある、学校図書館を身近に感じ、学校図書館に行くと本との出合いがある。そんな読書環境を作りたいものです。

2　中学校・高等学校の読書指導の目標と内容

中学校の読書指導の目標と内容

　中学校学習指導要領（2017年告示）の国語では、小学校から継続して中学校でも読書の指導をおこなうよう示しています。

　中学校1年生の目標は、「言葉がもつ価値に気付くとともに、進んで読書をし、我が国の言語文化を大切にして、思いや考えを伝え合おうとする態度を養う」とされています。2年生では、「言葉がもつ価値を認識するとともに、読書を生活に役立て、我が国の言語文化を大切にして、思いや考えを伝え合おうとする態度を養う」。そして3年生では、「言葉がもつ価値を認識するとともに、読書を通して自己を向上させ、我が国の言語文化に関わり、思

いや考えを伝え合おうとする態度を養う」です。基本的な考え方は同じですが、傍点を付した部分の表現が学年が上がるごとに少しずつ深まっていることが読み取れます。⁽⁶⁾

内容の「知識及び技能」では、身に付けるべき事柄として、中学校第1学年では「読書が、知識や情報を得たり、自分の考えを広げたりすることに役立つことを理解すること」、第2学年では「本や文章などには、様々な立場や考え方が書かれていることを知り、自分の考えを広げたり深めたりする読書に生かすこと」、そして第3学年では「自分の生き方や社会との関わり方を支える読書の意義と効用について理解すること」とあります。娯楽として読書に親しむだけでなく、読書を通して考えを広げたり深めたりして、自分の生き方や社会との関わり方を支えるような読書ができるように示しています。

さらに「指導計画の作成と内容の取扱い」には、「様々な文章を読んで、自分の表現に役立てられるようにするとともに、他教科等における読書の指導や学校図書館における指導との関連を考えて行うこと」⁽⁷⁾とあり、「内容の取扱いについての配慮事項」には、「学校図書館などを目的をもって計画的に利用しその機能の活用を図るようにすること」⁽⁸⁾と示されています（傍点は著者）。

教科書にはこれらの事項が反映されていますが、教科書を活用するとともに、国語以外の教科や学校生活全般で読書の指導をしてほしいです。

高等学校の読書指導の目標と内容

高等学校でも学習指導要領の総則には、読書活動の充実と学校図書館活用が示されています。⁽⁹⁾また、国語に関する科目は、「現代の国語」「言語文化」「論理国語」「文学国語」「国語表現」「古典探究」の6科目があり、そのうち「現代の国語」と「言語文化」は必修科目になっています。

「古典探究」を除くどの科目も同様に、「1 目標」に読書を取り上げていて、そのなかで「(3) 言葉がもつ価値への認識を深めるとともに、生涯にわたって読書に親しみ自己を向上させ、我が国の言語文化の担い手としての自覚を

もち、言葉を通して他者や社会に関わろうとする態度を養う」と示されています。そして「古典探究」では、「生涯にわたって読書に親しみ」の部分が「生涯にわたって古典に親しみ」になっています。どの科目も「内容〔知識及び技能〕」に、その科目の特質に応じて「読書の意義と効用について理解を深める」ように記されています。

「第3款 各科目にわたる指導計画の作成と内容の取扱い」では、配慮事項のなかに「(2) 生徒の読書意欲を喚起し、読書の幅を一層広げ、読書の習慣を養うとともに、文字・活字文化に対する理解が深まるようにすること」「(4) 学校図書館などを目的をもって計画的に利用しその機能の活用を図るようにすること」とあります。

　高等学校では、読書の意義と効用を理解させ、読書意欲を喚起し、読書の幅を広げて読書習慣を養うための指導が必要とされています。

　必修科目の「現代の国語」は、評論を中心に読解をし、レポートや実用的な文書などの書き方を学びます。「言語文化」は、古文・漢文・近現代文が幅広く取り上げられています。「羅生門」（芥川龍之介）と「夢十夜」（夏目漱石）は多くの教科書に掲載されていて、志賀直哉、田宮虎彦、高村光太郎、安部公房、村上春樹、角田光代、西加奈子などの名があります。

　「文学国語」の教科書では、「舞姫」（森鷗外）、「山月記」（中島敦）、「山椒魚」（井伏鱒二）、「檸檬」（梶井基次郎）、『こころ』（夏目漱石）、「永訣の朝」（宮沢賢治）などの近代文学、作家では安部公房と角田光代をほとんどの教科書で取り上げています。現代作家では、梨木香歩、朝井リョウ、石田衣良、小川洋子、森絵都、江國香織、中島京子、原田マハ、魚住直子、山田詠美、米原万里、恩田陸などを各社それぞれに取り上げ、井上ひさし、ドナルド・キーンの名もみえます。室生犀星、萩原朔太郎、茨木のり子、谷川俊太郎などの詩も取り上げています。

　「論理国語」「国語表現」の教科書では、情報や環境、言語など自然科学や社会科学の論説文を掲載しています。これらの科目を選択している生徒は、同じ著者の本を読んだり、取り上げられているテーマと同じテーマの本を読み広げたり、レポートなどを書くために本で調べたりすることで、読書の幅

が広がるはずです。古典にも親しんでほしいです。

選択科目でも、高校生に知ってほしい作品や作家は学校図書館や国語の授業などで紹介し、出合いの場を作りましょう。高等学校でも読書活動の推進は必要です。高校生の半数程度が1カ月に1冊も本を読まない状況には、もっと危機感をもつべきです。

3　児童書から大人向けの本まで

読書対象の広がり

中学生・高校生時代は、子どもから大人になるための大切な時期です。読む本も、児童書から大人向けの一般書まで興味の対象が広がり、大人の読書との境がなくなってきます。中学校や高等学校の司書教諭や学校司書は、学校図書館で購入する本の幅が広くなって大変だと思います。高等学校では、平易に書かれた専門書も必要になります。また、家庭では親子で同じ本を読み回して楽しめる時期でもあります。親も進んで読書をしてほしいものです。

漫画や趣味に関する本、お気に入りの歌手やタレントに関する本など、娯楽としての読書の幅も広がるでしょう。自己の悩みを解決するためや、知的好奇心を満たすために読むこともあるでしょう。電子書籍で読むほうが多くなる生徒も増えてくるでしょう。

学校では、やはり朝読書など読書習慣を形成するための方策を教育計画に組み込む必要があります。そして、生徒と本との出合いの場作りも必要です。私自身、高校生のときに担任の教員から宮地伝三郎の『アユの話』を薦められ、それが新書との出合いになりました。

この時期になると、知識や情報を得るための本として新書も読めるようになります。新書は、さまざまな分野の研究者や専門家が取り上げたテーマについて、論理的かつ簡潔に述べています。岩波ジュニア新書は、ウェブサイトで「ジュニア新書は小中学生から大人世代まで、幅広く読める入門新書です」と紹介してあり、たしかに「入門新書」として中学生・高校生に最適だ

と思います。また、ちくまＱブックスは「10代のノンフィクション読書を応援します！」をシリーズのコンセプトにしているそうです。これらをはじめ、いろいろな新書で知識や興味を広げてほしいです。新書などでノンフィクションを読むことによって、論理的な考え方や引用の仕方なども身に付いていくことでしょう。

　中学生、高校生と年齢が上がるにつれて、生徒同士での口コミで本と出合う機会も増えていきます。この本はぜひこの生徒に読んでほしいという本を個に応じて薦め、そこから読者の輪が広がることもあります。ビブリオバトルや図書委員会からの本の紹介など、生徒同士で本を紹介する機会をもつことも読書推進の力になるでしょう。学校図書館便りを発行したり、公共図書館からのお知らせや新聞などの書評欄を掲示したりするのも工夫の一つです。

中学生・高校生に読まれる文学賞受賞作品

　テレビの情報番組やバラエティー番組で本の紹介コーナーがあったり、芥川賞や直木賞の受賞作品は毎年ニュースになったりします。本屋大賞も毎年話題になります。このようにメディアで紹介されたり話題になったりした本は、中学生ぐらいから読める作品も少なくありませんし、高校生にはよく読まれているようです。

　芥川賞は純文学が対象なので、中学生・高校生向きの作品は少ないかもしれません。例えば、売れないお笑い芸人とその先輩の生き方を描いた『火花』（又吉直樹）や、アイドルを推すことで生きづらさから救われる『推し、燃ゆ』（宇佐見りん）などが中学生・高校生に読まれています。

　一方の直木賞は、エンターテインメント性があり、映画化やテレビドラマ化された作品も多く、親しみやすい作品が多いでしょう。町工場が大企業と戦っていく『下町ロケット』（池井戸潤）、イラン、日本、エジプトと移ってきた転勤族の父をもつ小学生の主人公の成長を描いた『サラバ！』（西加奈子）、国際コンクールを舞台に若きピアニストたちの成長を描いた『蜜蜂と遠雷』（恩田陸）などは、中学生・高校生も興味深く読めるでしょう。

　本屋大賞の作品は親しみやすい作品が多いようです。80分しか記憶が続

かない博士と家政婦の私、その息子ルートとの心のふれあいを描いた『博士の愛した数式』(小川洋子)、高校生活最後のイベント「歩行祭」にかけた主人公の思いと秘密が描かれる『夜のピクニック』(恩田陸)、不思議な孤城に集められた7人の中学生を描くミステリー『かがみの孤城』(辻村深月)、複雑な家庭環境のなかで成長していく主人公を描いた『そして、バトンは渡された』(瀬尾まいこ)などは、学校図書館でもよく見かける作品です。さらに、命を考え、結末に驚く『君の膵臓をたべたい』(住野よる)、箱根駅伝を目指す10人しかいない駅伝チームの学生を描いた『風が強く吹いている』(三浦しをん)、高校生限定のマッチングアプリ「オルタネート」を通して3人の高校生を描く『オルタネート』(加藤シゲアキ)なども本屋大賞にノミネートされた作品でよく読まれています。

このように挙げてみると、中学生・高校生をとりまく読書環境は決して悪くはありません。周りの大人がちょっとしたはたらきかけをしていくことが必要です。

埼玉県では、「埼玉県の高校図書館司書が選んだイチオシ本」を2011年から発表しています。22年11月から23年10月に出版された本を対象に、投票で「埼玉県の高校図書館司書が選んだイチオシ本2023」が発表されています。上位5位は次のとおりです。

　　　1位　宮島未奈『成瀬は天下を取りにいく』新潮社
　　　2位　辻村深月『この夏の星を見る』KADOKAWA
　　　3位　瀬尾まいこ『私たちの世代は』文藝春秋
　　　4位　黒柳徹子『続 窓ぎわのトットちゃん』講談社
　　　5位　多崎礼『レーエンデ国物語』講談社

　詳しくは、「埼玉県高校図書館フェスティバル 全受賞作品とコメント2023」⁽¹³⁾のサイトに掲載されています。書影のほか、著者のコメント、県内司書の推薦コメントが掲載され、出版社紹介ページとカーリル（図書館の蔵書検索サイト）へのリンクもあります。

ヤングアダルトという分野

　ヤングアダルトとは、YA出版会のサイトで以下のように説明されています。

　　　「子どもと大人の間の世代」つまり「子どもでも大人でもない世代」のことです。具体的には中高校生を中心とする13歳から19歳を想定していますが、実際の読者は20代から30代と幅広い層になっています。（略）YAという言葉は、第2次大戦後、米国の公共図書館が、ティーンエイジャーを子どもとして扱うのではなく、大人として遇すべきだという考えから使い出したといわれています。⁽¹⁴⁾

　YA出版会については、「中学生や高校生が読書をするための環境を整え、YA向けの本の出版を活発にしていくことを目的に発足した出版社の集まり

です。1979年にスタートしたYA出版会は、現在11社で活動しています[15]」と
述べています。

『図書館情報学用語辞典 第5版』[16]の「ヤングアダルトサービス」「ヤングア
ダルト図書」の項目では、対象者は「おおむね12歳から18歳」としていま
す。「ヤングアダルトサービス」の項目では、「他の年代と異なる独自の行動
様式と興味を持ったヤングアダルトへの対応においては、専用の資料や施設
よりも、むしろアプローチの仕方や力点の置き方に留意した、専門的知識と
方法に重点が置かれる」とあります。

　多くの公共図書館では、児童サービスに加えてYAサービスがおこなわれ
ていて、「ヤングアダルト」のコーナーを別置しているところもあります。
たしかに、中学生・高校生に薦める本はたくさんありますが、読者対象の年
齢を区切って出版されているわけではありません。YA出版会では毎年「YA
図書目録」と「YA朝の読書ブックガイド」を作成しているので、選書の参
考になるでしょう[17]。

　2018年の「子どもの読書活動の推進に関する有識者会議 論点まとめ」で
は、「発達段階に応じて子供が読書習慣を身に付けるための取組が行われる
ことが重要である」とし、「読書に関する発達段階ごとの特徴として」その
傾向を挙げています[18]。22年の「子供の読書活動推進に関する有識者会議 論
点まとめ」[19]でも、23年の「第五次子どもの読書活動の推進に関する基本的
な計画」でも、これを引用しています。

　　中学生の時期（おおむね12歳から15歳まで）
　　　多読の傾向は減少し、共感したり感動したりできる本を選んで読むよ
　　うになる。自己の将来について考え始めるようになり、読書を将来に役
　　立てようとするようになる。

　　高校生の時期（おおむね15歳から18歳まで）
　　　読書の目的、資料の種類に応じて、適切に読むことができる水準に達
　　し、知的興味に応じ、一層幅広く、多様な読書ができるようになる[20]。

第7章　中学生・高校生と読書　161

また、「不読率の状況を勘案し、学校種間の移行段階に着目した取組を進める」とも記してあります。もっとも、こうした発達段階はあくまでも目安・傾向として捉え、まずは目の前の子どもを理解することが基本です。

　実際、小学校6年生ぐらいから、中学校を舞台にした話など、中学生向けの本を読む児童が出てきます。パール・バックの『大地』を読んでいる児童もいました。また、新聞で新刊本をチェックして購入したり、図書館にリクエストして早々と借りたりしている児童もいました。『カラフル』など森絵都の作品や、『精霊の守り人』をはじめとする「守り人」シリーズなど上橋菜穂子の作品、『くちぶえ番長』や『きみの友だち』など重松清の作品は、中学生にお薦めですが、小学生にも人気があります。逆に、中学生・高校生であっても読書経験が少なかったり読むことが苦手だったりする生徒に小学生向けの本を薦めても、心の発達段階には合致しません。この点については第8章で取り上げます。

4　メディアの特性に応じた活用

図書資料の活用を

　中学生・高校生にとって、多様なメディアを効果的に活用する力は、ますます重要になります。

　インターネットで検索すれば物事が簡単にわかるのは便利なことですが、それだけでは自分の頭で考えない人間になってしまいます。2022年秋に登場した対話型AIのChatGPTは、レポートや読書感想文まで書いてくれます。しかし、何のためにレポートを書くのか、何のために読書感想文を書くのかということを抜きにして、ただできあがればいいというのでは、自分にとってどうなのでしょう。たとえ教員はだませても、それでいいという世の中になってしまったら恐ろしいと思います。インターネット情報もChatGPTも利用の仕方が大切です。図書資料（本）も進んで活用して、しっかり探究してほしいものです。

中学校学習指導要領から

「中学校学習指導要領（2018年告示）解説　総合的な学習の時間編」では、情報の収集に関して、「情報収集の手段を選択する」「より効率的・効果的な手段、多様な方法からの選択」ということが例示されています[21]。実際には、課題を設定するときもさまざまな方法で情報を得ながら考えますし、情報の整理・分析、まとめ・表現の段階でも新たに補う情報を探したり、収集した情報に戻ったりします。

　また、目標の（3）である「探究的な学習に主体的・協働的に取り組むとともに、互いのよさを生かしながら、積極的に社会に参画しようとする態度を養う」についての解説では、「「自分自身に関すること」及び「他者や社会とのかかわりに関すること」の二つの視点の両方に関わる」として、次のように述べています。

　　　「他者や社会との関わり」として、課題の解決に向けた他者との協働を通して、積極的に社会に参画しようとする態度などを養うとともに、「自分自身に関すること」として、探究的な学習に主体的・協働的に取り組むことを通して、学ぶことの意義を自覚したり、自分のよさや可能性に気付いたり、学んだことを自信につなげたり、現在及び将来の自分の生き方につなげたりする内省的な考え方（Reflection）といった両方の視点を踏まえて、内容を設定することが考えられる[22]。

　自己肯定感の育成やキャリア教育としても、より本格的な探究活動に取り組ませるといいでしょう。

高等学校学習指導要領から

　高等学校学習指導要領（平成30年告示）では、目標の（3）は、「探究に主体的・協働的に取り組むとともに、互いのよさを生かしながら、新たな価値を創造し、よりよい社会を実現しようとする態度を養う」となっています。

表4　探究の過程における思考力、判断力、表現力等の深まり（例）

①課題の設定	②情報の収集	③整理・分析	④まとめ・表現
より複雑な問題状況 確かな見通し、仮説	より効率的・効果的な手段 多様な方法からの選択	より深い分析 確かな根拠付け	より論理的で効果的な表現 内省の深まり
例) ■複雑な問題状況の中から適切に課題を設定する ■仮説を立て、検証方法を考え、計画を立案する 　　　　　　　　　など	例) ■目的に応じて手段を選択し、情報を収集する ■必要な情報を収集し、類別して蓄積する 　　　　　　　　　など	例) ■複雑な問題状況における事実や関係を把握し、自分の考えをもつ ■視点を定めて多様な情報を分析する ■課題解決を目指して事象を比較したり、因果関係を推測したりして考える 　　　　　　　　　など	例) ■相手や目的、意図に応じて論理的に表現する ■学習の仕方や進め方を振り返り、学習や生活に生かそうとする 　　　　　　　　　など

（出典：「高等学校学習指導要領（平成30年告示）解説　総合的な探究の時間編」学校図書、2019年、93ページ）

　その解説には、「どのように情報を集め、どのように整理・分析し、どのようにまとめ・表現を行っていくのかを考えて計画し、実際に社会と関わり、行動していく」であるとか、「自己の在り方生き方と一体的で不可分な課題を自ら発見し、よりよい解決に向けて主体的に取り組むことが重要である[23]」などという文言がみられます。

　情報収集がインターネットだけ、あるいは本だけ見てちょっと調べる程度だったり、見学や体験をまとめるだけだったり、出張授業に参加するだけだったりでは、このような目標を達成できないでしょう。メディアの特性を知り、多様なメディアをそのつど効果的に活用し、情報の比較・検討や取捨選択ができるようになることを重視します。

　表4は、「高等学校学習指導要領（平成30年告示）解説　総合的な探究の時間編」に示された「探究の過程における思考力、判断力、表現力等の深まり（例）[24]」です。学習指導要領でも「より効率的・効果的な手段」を選択できる力を重視しています。効率的とは、「手っ取り早く」ではなく、「適切な」と

いう意味に理解したいです。

図書館・学校図書館の活用を

　学校図書館に本しか資料がなかったら、学校図書館を活用する機会も減るでしょう。学校図書館では多様なメディアを整備し、話し合いや発表ができるスペースも確保することが理想です。情報端末の活用とともに、図書館の活用も大切な情報活用能力です。学校図書館も地域の図書館も、一歩進んで都道府県立図書館も使いこなせるようになってほしいです。上野にある国立国会図書館国際子ども図書館には、「調べものの部屋」という中・高生向けの資料室があり、誰でも利用できます。

　資料についてわからないことは、学校司書や図書館員に聞くことができます。レファレンスサービスといって、学校司書や司書の重要な仕事の一つです。何を知りたいのか、どんな資料を探しているのかをはっきりさせて質問するように心がけましょう。

　すべての中学生・高校生が学校図書館や公共図書館を使いこなせるよう、力を入れて取り組んでほしいです。

5　中学校・高等学校での読書活動

読書会

　中学校の国語の教科書には、読書会を取り上げているものが複数あります。課題の作品を読んだ者が集まって、感想を交換する方法が一般的です。課題になった作品をあらかじめ読んできて、一人ひとり感想を述べたり、質疑応答をしたり、意見を述べ合ったりして、作品の読みを深めます。

　同じ作者の作品を持ち寄って紹介しあったり、作者についての理解を深めたりする読書会もあります。同じテーマの本を読んだ者が集まり、読んだ本を紹介したり意見を交換したりする場合もあり、その形態はさまざまです。

　特に学校教育の現場では、読書によるコミュニケーション能力の育成も期

　待できます。教室での読書会では、ある作品を全員が読んできて、グループごとに感想を話し合います。話し合いの観点をあらかじめ示しておく方法もあります。また、数作品のなかから各自が読む作品を決め、作品ごとにグループを作って感想を交換しあう読書会もあります。最初に作者を決めて、その作者の作品を教室や学年の廊下など手近な場所に置いておき、1カ月ぐらいの読書期間を経て、それぞれが読んだ作品を紹介するという読書会もあります。参加者全員が対象図書を読んでいなければ読書会は成立しません。いずれも途中で、対象図書を読んでいるかどうかのチェックが必要です。

　東京都杉並区では、中学生の「書評座談会」が1959年からおこなわれています。杉並区立の中学校に通学する中学生が対象で、著者の講評もあります。読んだ本について他校の生徒と話し合い、著者の話も聞ける、中学生にとって貴重な経験だと思います。

　2023年度の「第64回書評座談会」では、テーマ図書の『ウィズ・ユー with you』（濱野京子）について、「印象に残った登場人物やセリフ、場面は？」「悠人はなぜ朱音に惹かれたのか」「悠人が徐々に自分を認められるようになっていったのはなぜか──周囲の人との関りを通して」「タイトル『with you』にはどのような意味が込められているか」という4つの柱に沿って意見を出し合ったそうです。(25)

　読書会は、授業でおこなったり図書委員会が主催したり、中学校・高等学校で大いに取り組んでほしい読書活動です。

ビブリオバトル

　ビブリオバトルは、お薦めの本を紹介するだけでなく、読みたくなった本に投票して「チャンプ本」を決める書評合戦です。もとはといえば2007年、京都大学大学院情報学研究科で谷口忠大が考え出しました。そして10年に「ビブリオバトル普及委員会」が誕生し、マスコミにも取り上げられて広がっていきました。中学生・高校生がおこなうイベントとしてぴったりです。

　その方法としては、以下のような「ビブリオバトル公式ルール」がビブリオバトル普及委員会から出ています。

　　〈ビブリオバトル公式ルール〉
　　①発表参加者が読んで面白いと思った本を持って集まる。
　　②順番に1人5分間で本を紹介する。
　　③それぞれの発表の後に、参加者全員でその発表に関するディスカッションを2〜3分間行う。
　　④全ての発表が終了した後に、「どの本が一番読みたくなったか?」を基準とした投票を参加者全員が1人1票で行い、最多票を集めた本をチャンプ本とする。

　ビブリオバトルは、自分がいままで読んでこなかったジャンルの本にも興味をもつなどして、読書の幅が広がります。また、自分で紹介する本の理解が深まったという感想もよく耳にします。しかし、紹介した本がチャンプ本になるように「受けねらい」で選書したり、話術のうまさだけでチャンプ本になったりするのでは、「書評合戦」の目的が達成できないでしょう。このようなイベントは、日常的な読書習慣形成のための読書指導をおこなうなかに位置付けると効果が増すでしょう。

文化祭や地域での図書委員会活動

　図書委員会活動は、本の整理やカウンター当番だけでなく、創意工夫して

自主的・主体的に取り組むことが大切です。特に中学校や高等学校では、広く地域に出ていく活動もおこなわれています。

　ある中学校は、夏休みに近隣の小学校での読み聞かせを毎年おこなっています。地域の福祉施設のお祭りに出向いて読み聞かせをしている図書委員会もあります。

　福島県内の高等学校で読み聞かせをしている部活動がありました。地域の保育園や児童クラブなどでの活動がメインですが、2011年の東日本大震災の際には、被災地を訪問して読み聞かせやパネルシアターなどに取り組みました。私もパネルシアターを送ってほんの少し応援しました。

　文化祭のときに古本市を開いている図書委員会もあります。学校や地域の状況に合わせてどんな活動ができるか、図書委員会などで話し合うといいでしょう。

6　この時期にお薦めの本

『鬼の橋』伊藤遊作、太田大八画
　井戸を通って地獄へ通っていたという小野篁の少年時代を主人公にした、平安時代の京都が舞台のファンタジーです。天涯孤独の少女・阿子那や、人間になりたい鬼の非天丸たちと出会い、小野篁は葛藤しながら成長していきます。

『鬼の橋』
伊藤遊作、太田大八画（福音館文庫）、福音館書店、2012年

『空色勾玉』荻原規子

　こちらは、古代の日本、「豊葦原」を舞台にしたファンタジーです。輝と闇の乱世に生きる少女・狭也(さや)は、実は闇の巫女姫として生まれたのでした。『白鳥異伝』(上下巻)、『薄紅天女』(上下巻)とで3部作になっています。

『空色勾玉』
荻原規子(徳間文庫)、徳間書店、2010年

『西の魔女が死んだ』梨木香歩

　まいは、中学校に進学して間もなく学校に行けなくなり、大好きな「西の魔女」こと田舎(いなか)のおばあちゃんの家で暮らすことになります。まいは、自然に目を向けた祖母との暮らしのなかで自分を取り戻していきます。

『西の魔女が死んだ』
梨木香歩(新潮文庫)、新潮社、2001年

『ナミヤ雑貨店の奇蹟』東野圭吾

　強盗をはたらいた3人組は、逃走用の車が故障してしまい、廃業した雑貨店に逃げ込みます。実は、そこは過去とつながっていて、悩みの相談が描かれた過去からの手紙がポストに届くところから物語が始まります。映画にもなった作品です。

『ナミヤ雑貨店の奇蹟』
東野圭吾(角川文庫)、KADOKAWA、2014年

第7章　中学生・高校生と読書　　169

『**指輪物語**』最新版全6巻、J・R・R・トールキン作、瀬田貞二／田中明子訳

　ホビット族であるフロドたち9人の旅の仲間が、冥王の魔力をもつ指輪をめぐって闇の勢力との戦いを繰り広げる冒険ファンタジーです。『ゲド戦記』や『ナルニア国物語』にも影響を与えた作品で、映画にもなりました。

『最新版　指輪物語1　旅の仲間』上
J・R・R・トールキン作、瀬田貞二／田中明子訳（評論社文庫）、評論社、2022年

『**橋の上で**』湯本香樹実文、酒井駒子絵

　夕方、橋の上から川を見ていた「ぼく」は、「川に飛び込んだら」と考えていました。すると、いつの間にか隣に立っていたおじさんに話しかけられます。中学生・高校生に読んでほしい絵本です。

『橋の上で』
湯本香樹実文、酒井駒子絵、河出書房新社、2022年

『**すみ鬼にげた**』岩城範枝作、松村公嗣絵

　唐招提寺の金堂を守っている4人の「すみ鬼」のうちの1人が逃げ、大工見習いのヤスはそのすみ鬼と出会います。すみ鬼の行動とヤスの成長をじっくりと味わいたい絵本です。

『すみ鬼にげた』
岩城範枝作、松村公嗣絵（福音館創作童話）、福音館書店、2009年

『**鳥獣戯画を読む**』全3巻、土屋貴裕監修

　「鳥獣戯画」4巻の全貌を詳しく解説する、『鳥獣戯画を知る』『鳥獣戯画を読み解く』『鳥獣戯画と日本文化』の3巻からなるシリーズです。大型絵本なので絵図を細部までじっくりと鑑賞でき、鳥獣戯画を描いた人たちの思いを時空を超えて受け止められるような気がします。

『鳥獣戯画を知る』
(「鳥獣戯画を読む」第1巻)、土屋貴裕監修、金の星社、2023年

『**マイテーマの探し方――探究学習ってどうやるの？**』片岡則夫

　探究的な学習で調べたりレポートを書いたりするうえで知っておきたい大切なことがわかります。どのようにテーマ設定をするのかについて特に詳しく述べられています。

『マイテーマの探し方――探究学習ってどうやるの？』片岡則夫（ちくまQブックス）、筑摩書房、2021年

『**夕凪の街 桜の国**』こうの史代

　広島で被爆した人々や被爆2世の日常の暮らしを淡々と描いていますが、そのためいっそう戦争について考えさせられる漫画です。同じ著者の『この世界の片隅に』全3巻もあわせて読んでほしいです。

『夕凪の街 桜の国』
こうの史代（アクションコミックス）、双葉社、2004年

第7章　中学生・高校生と読書　171

注

(1) 公益社団法人全国学校図書館協議会「第68回学校読書調査（2023年）」（https://www.j-sla.or.jp/material/research/dokusyotyousa.html）［2024年7月25日アクセス］

(2) 令和4年6月24日文部科学省報道発表「自治体の子供読書活動推進計画の策定率が増加しています！」（https://www.mext.go.jp/b_menu/houdou/mext_01044.html）より、「市町村における子供読書活動推進計画の策定状況（別紙1）」（https://www.mext.go.jp/content/20220624-mxt_chisui02-000023264-01.pdf）［2024年7月25日アクセス］

(3) 前掲「第五次「子どもの読書活動の推進に関する基本的な計画」について（通知）」

(4) 同ウェブサイト

(5) 文部科学省「令和2年度「学校図書館の現状に関する調査」について」2020年、4ページ（https://www.mext.go.jp/content/20220124-mxt_chisui01-000016869-1.pdf）［2024年7月25日アクセス］

(6) 文部科学省「中学校学習指導要領（平成29年告示）」（東山書房、2003年）「第2章第1節 国語」29、32、35ページ

(7) 同書38ページ

(8) 同書39ページ

(9) 「高等学校学習指導要領（平成30年告示）」（東山書房、2018年）「総則 第3款 教育課程の実施と学習評価」28、29ページ

(10) 同書47ページ

(11) 岩波書店「岩波ジュニア新書」（https://www.iwanami.co.jp/jr/）［2024年7月25日アクセス］

(12) 筑摩書房「ちくまQブックス」（https://www.chikumashobo.co.jp/special/chikuma-qbooks/）［2024年7月25日アクセス］

(13) 「埼玉県高校図書館フェスティバル 全受賞作品とコメント2023」（https://www.shelf2011.net/2023list）［2024年7月25日アクセス］

(14) 一般社団法人YA出版会「FAQ」（https://www.young-adult.net/#about）［2024年7月25日アクセス］

(15) 一般社団法人YA出版会「YA出版会について」（https://www.young-adult.net/#publish）［2024年7月25日アクセス］

(16) 日本図書館情報学会用語辞典編集委員会編『図書館情報学用語辞典 第5版』丸善出版、2020年

(17) 一般社団法人 YA 出版会「図書総目録・ブックガイド購入について」（http://young-adult.net/#guide）［2024年7月25日アクセス］

(18) 文部科学省「子どもの読書活動の推進に関する有識者会議 論点まとめ」2018年（https://www.mext.go.jp/b_menu/shingi/chousa/shougai/040/attach/1402566.htm）［2024年7月25日アクセス］

(19) 文部科学省「子供の読書活動推進に関する有識者会議 論点まとめ」2022年（https://www.mext.go.jp/content/20221227-mxt_chisui02-000026353_12.pdf）［2024年7月25日アクセス］

(20) 文部科学省「第五次子どもの読書活動の推進に関する基本的な計画」2023年、18ページ（https://www.mext.go.jp/content/20230327mxt-chisui01-100316_01.pdf）［2024年7月25日アクセス］

(21)「中学校学習指導要領（平成29年告示）解説　総合的な学習の時間編」東山書房、2018年、76ページ

(22) 同書33ページ

(23)「高等学校学習指導要領（平成30年告示）解説　総合的な探究の時間編」学校図書、2019年、19ページ

(24) 同書93ページ

(25) 杉並区立松溪中学校「松溪中図書館だより」2023年9月（https://www.suginami-school.ed.jp/shoukeichu/toshodayori202309.pdf）［2024年7月25日アクセス］、同年11月（https://www.suginami-school.ed.jp/shoukeichu/toshodayori202311.pdf）［2024年7月25日アクセス］

(26) ビブリオバトル普及委員会編著『ビブリオバトルガイドブック ルール改訂版』子どもの未来社、2023年

第8章

読書とバリアフリー

1 誰もが読書の喜びを

「第五次子どもの読書活動の推進に関する基本的な計画」では、2番目の柱に「多様な子どもたちの読書機会の確保」を挙げています。文部科学省は以下のように通知しています。

> 障害のある子どもや日本語指導を必要とする子どもなど、多様な子どもたちに対応した取組を行うことが重要です。「視覚障害者等の読書環境の整備の推進に関する基本的な計画（読書バリアフリー基本計画）」等を踏まえ、多様な子どもたちが利用しやすい書籍及び電子書籍の整備・提供や、多言語対応等、学校図書館、図書館等の読書環境の充実に努めていただくと共に、積極的な取組を進めていただくようお願いいたします。[1]

この「第五次計画」は、「はじめに」の冒頭で「子どもの読書活動は、言葉を学び、感性を磨き、表現力を高め、創造力を豊かなものにし、人生をより深く生きる力を身に付けていくうえで欠くことのできないものであり、社会全体で積極的にそのための環境の整備を推進していくことは極めて重要である」と述べています。また、2021年1月の中央教育審議会答申を受けて、[2]「読書活動の推進に当たっても、全ての子どもたちの可能性を引き出すために、個別最適な学びと協働的な学びの一体的充実に資する読書環境を整備し、読書機会の確保に努めることが求められる」と述べています。[3]

174

障害などによって特別の支援を要する児童・生徒、日本語指導を必要とする児童・生徒、家庭の事情で困難を抱えている児童・生徒などはもちろんのこと、特に理由はないけれど読書から遠ざかってしまっている児童・生徒も含めて、「全ての子どもたちが読書活動の恩恵を受けられる」ことが必要です。最近、気になっているのは、町中に増えてきた認可・無認可の保育園です。そこでも、子どもたちが本に囲まれている環境を作り、読み聞かせなどの読書活動に取り組むことが必要です。

2　特別なニーズに応じた読書支援

特別支援教育の考え方

　2007年4月に学校教育法が改正され、特別支援教育が位置付けられました。そして、盲学校、聾学校、養護学校という校種から、視覚障害特別支援学校、聴覚障害特別支援学校、肢体不自由特別支援学校、知的障害特別支援学校、病弱特別支援学校などに変わりました。ただし、個々の学校名は「○○盲学校」など以前の名称のままの学校もあります。

　それまでの特殊教育と特別支援教育との違いは何でしょう。特別支援教育に関する中央教育審議会答申「特別支援教育を推進するための制度の在り方について」（平成17年12月8日発表）に示してあります。

　　これまでの「特殊教育」では、障害の種類や程度に応じて盲・聾・養護学校や特殊学級といった特別な場で指導を行うことにより、手厚くきめ細かい教育を行うことに重点が置かれてきた。
　「特別支援教育」とは、障害のある幼児児童生徒の自立や社会参加に向けた主体的な取組を支援するという視点に立ち、幼児児童生徒一人一人の教育的ニーズを把握し、その持てる力を高め、生活や学習上の困難を改善又は克服するため、適切な指導及び必要な支援を行うものである。
　　また、すでに述べたとおり、現在、小・中学校において通常の学級に

第8章　読書とバリアフリー　175

在籍するLD・ADHD・高機能自閉症等の児童生徒に対する指導及び支援が喫緊の課題で、「特別支援教育」においては、特殊教育の対象となっている幼児児童生徒に加え、これらの児童生徒に対しても適切な指導及び必要な支援を行うものである。[4]

　特別支援学校や特別支援教室などに通っている児童・生徒だけでなく、すべての児童・生徒を対象として、それぞれの教育的ニーズを把握し、個に応じた教育をしていくようになったわけです。

障害者差別解消法

　2016年4月、「障害を理由とする差別の解消の推進に関する法律」、いわゆる障害者差別解消法が施行されました。この法律は、「不当な差別的取扱いの禁止」と「合理的配慮の提供」をうたっています。22年5月に同法は改正され、さらに24年4月1日からは、障害がある人への事業者による合理的配慮の提供が、努力義務から義務になりました。
「不当な差別的取扱いの禁止」と「合理的配慮の提供」は、内閣府の「障害者の差別解消に向けた理解促進ポータルサイト[5]」によると、以下のように記されています。

　　不当な差別的取扱いの禁止
　　　障害のある人に対して、正当な理由なく、障害を理由として、サービスの提供を拒否することや、サービスの提供に当たって場所や時間帯などを制限すること、障害のない人には付けない条件を付けることなど

　　合理的配慮の提供
　　　障害のある人から、社会の中にあるバリアを取り除くために何らかの対応を必要としているとの意思が伝えられたときに負担が重すぎない範囲で対応すること

「不当な差別的取扱いの禁止」は容易に理解できますが、「合理的配慮の提供」は、具体的にどんなことでしょう。例えば、スロープを使った補助によって、車いすの人でも電車やバスの乗り降りができる様子はよく目にします。「筆談具あります」という表示もよく目にします。前述のサイトには、「大勢の人がいるところでは、どうしても周囲が気になってしまい落ち着かず、待合室での順番待ちが難しい」という申し出に対して、「別室の確保が困難であったため、待合室の中で、比較的周りからの視界が遮られるようなスペースに椅子を移動させ、順番待ちできるよう配慮した[6]」という例示もありました。

読書バリアフリー法と読書バリアフリー基本計画

2019年6月、「視覚障害者等の読書環境の整備の推進に関する法律」、いわゆる読書バリアフリー法が公布、施行されました。これに基づいて、翌20年7月には、国の「視覚障害者等の読書環境の整備の推進に関する基本的な計画」（通称、読書バリアフリー基本計画）が策定されました。厚生労働省によると、「今回の基本計画は令和2（2020）年度から令和6（2024）年度までを対象とするもので、基本計画の策定後は、定期的に進捗状況を把握・評価して[7]」いくということです。

まず、読書バリアフリー法を読むと、第1条に「障害の有無にかかわらず全ての国民が等しく読書を通じて文字・活字文化（略）の恵沢を享受することができる社会の実現に寄与することを目的とする」という文言があり、「全ての国民が」という点が重要です。読書バリアフリー法も読書バリアフリー基本計画も視覚障害者だけでなく、「視覚障害者等」というところが大切で、同法第2条で「この法律において「視覚障害者等」とは、視覚障害、発達障害、肢体不自由その他の障害により、書籍（雑誌、新聞その他の刊行物を含む。以下同じ）について、視覚による表現の認識が困難な者をいう」と記されています。

読書バリアフリー基本計画の基本方針は、読書バリアフリー法の基本理念に対応しています（表5を参照）。

表5　読書バリアフリー法の基本理念と読書バリアフリー基本計画の基本方針

読書バリアフリー法（2019年）の基本理念	読書バリアフリー基本計画（2020年）の基本方針
1.（略）視覚障害者等が利用しやすい電子書籍等の普及（略）引き続き、視覚障害者等が利用しやすい書籍が提供されること	1. アクセシブルな電子書籍等の普及及びアクセシブルな書籍の継続的な提供
2. 視覚障害者等が利用しやすい書籍及び視覚障害者等が利用しやすい電子書籍等（略）の量的拡充及び質の向上が図られること	2. アクセシブルな書籍等の量的拡充・質の向上
3. 視覚障害者等の障害の種類及び程度に応じた配慮がなされること	3. 視覚障害者等の障害の種類・程度に応じた配慮

　読書バリアフリー基本計画では、公立図書館や学校図書館での取り組みとして、「段差の解消や対面朗読室等の施設の整備、アクセシブルな書籍等の紹介コーナーの設置、拡大読書機器等の読書支援機器の整備、点字による表示、ピクトグラム等を使ったわかりやすい表示、インターネットを活用した広報・情報提供体制の充実」を例示しています。

　読書バリアフリー法と読書バリアフリー基本計画は、概要も本文も文部科学省のウェブサイト「視覚障害者等の読書環境の整備（読書バリアフリー）について[8]」で読むことができます。

日本語を母語としない子どもたちに

「第五次子どもの読書活動の推進に関する基本的な計画」の基本方針の2番目の柱「多様な子どもたちの読書機会の確保」には、日本語指導を必要とする児童・生徒も含んでいます。さらに、「日本語能力に応じた支援を必要とする子どもたちのための多言語対応等を含む、学校図書館、図書館等の読書環境の整備が不可欠である[9]」という文言もあります。

　日本語を母語としない子どもたちにとって、やさしい日本語の本を読むことは、日本語を習得する過程で非常に効果的です。また、日本でも母国語の本が読めることは、とてもうれしいことです。読み物だけでなく、母国語で調べることができる資料が必要な児童・生徒は少なくないでしょう。日本在

住の間に母国語を忘れないためにも母国語の本は役に立ちます。

　海外からの編入生が多いある小学校では、母国に帰国していった児童の保護者から多くの本が寄贈され、日本語指導のための教室の前にある書架に並べられていました。英語、韓国語、中国語、なかにはタガログ語の本もありました。海外からの編入児童は、それらの本をよく借りていました。その学校の教員は、その本もほかの学校図書館の蔵書と同じようにバーコードを読み込んで貸出してあげたいと思い、それらの寄贈書を学校図書館の蔵書として受け入れ、「がいこくごのほん」のコーナーを作りました。

　ある中学校では、校内の案内を日本語、英語、中国語、韓国語の4カ国語で示し、学校図書館内の案内も4カ国語で表示してあります。それらの言語の本も学校図書館資料として購入し、「外国語の本」のコーナーを作っています。「外国語の本」のコーナーは、国際理解教育にも役立っています。

　編入生が母国語で読みたい本が学校図書館になくても、公共図書館から借りて読めるようにしている学校もあります。海外からの人々が多く住むある地域の公共図書館では、外国語の本を多く蔵書しています。日本にいても母国語の本が読める環境がさらに整備されることに期待します。多言語による読み聞かせも実施しています。

セクシュアル・マイノリティーに関して

　セクシュアル・マイノリティー（性的少数派）とは、性に関して少数派の人々を指す言葉です。『図書館利用に障害のある人々へのサービス』上巻（日本図書館協会、2021年）では、「第1章 図書館利用に障害のある人を理解する」で「セクシュアル・マイノリティ」の項目を挙げています。そこでは、マイノリティーという言葉に「ある種の社会的排除や見えない差別が含まれているという意見もあります」としたうえで、セクシュアル・マイノリティーは「性自認と性的指向の2つの側面から理解する必要があります」と述べています。

　性自認については、「自己の性別を確信すること」と「生まれながらの肉体的性別」とが一致しない人がいることが重要です。また性的指向とは、

第8章　読書とバリアフリー　　179

「その人の恋愛対象や性的対象について表す言葉」とあります。そして、性自認と性的指向は、それぞれ独立したものではなく多様だと述べています。

　私は、外見の性にとらわれずに活躍している有名人や「おねえ」と呼ばれる人たちの活躍を知るにつれて、外見と内面の性が異なる人たちが自分らしく活躍する場が、芸能界やお店だけでなく、公務員や教員や会社員という世界にも広がり、誰もが性別にとらわれずに働ける社会にしていかなければいけないと思ってきました。いまやそういう時代になってきました。しかし、まだまだ「少数派」とくくられるような認識しかもたれていないのかもしれません。

『図書館利用に障害のある人々へのサービス』上巻では、「セクシュアル・マイノリティに関する専門書や当事者の手記、専門の相談機関が紹介されたもの、いろいろな愛の形を描いた小説などを積極的に収集し、提供すること」の重要性を説いています。具体的な図書館利用のハードルの一つとして、トイレの問題も挙げています。

　このような本を排架している学校図書館は、高等学校や中・高一貫校を中心に増えてきています。悩みを抱えている生徒はそういった蔵書を見て、「先生方はちゃんと理解してくれているんだな」と感じているようです。その際、ほかの人の目を気にしなくてすむよう、目立たないところに排架している学校もありますが、ほかの図書資料と同じように分類して普通に排架してもまるで支障がないという学校もあります。

　最近、「トイレの個室を男女別にしない」というジェンダーレスの事例を耳にしました。居酒屋などでは、男性用、女性用のほかに、性別に関係なく利用できる個室があるところをよく目にします。私は、どうも男性が立って使っているかもしれないトイレを利用することにためらいがあります。でも、「誰でもトイレ」ならそれほど躊躇しないで入れます。気分の問題かもしれませんが、ただ男女の仕切りをなくすだけでなく、自分で選択できる設備を希望します。

　いま、学校では、名簿が男女別でなくなったり、制服をズボンかスカートか選べたり、全員「さん」付けで呼んだりと、改革が少しずつ進んでいます。

セクシュアル・マイノリティーを取り上げた児童書も出版されるようになってきました。生理休暇の必要性に関する議論もありますが、いずれにしても、男性と女性の違いを考慮せずに、何もかも男女で同じにするのがいいとは思いません。「みんな違ってみんないい」、大勢と異なる者を排除しない社会を目指したいものです。

3　読むための壁を低くする努力

さまざまな資料形態

　子どもも大人もすべての人たちに読書ができるように、障害になっている壁を取り除いたり低くしたりすることが必要です。

①見えない人、見えにくい人に

　見えない人には点字図書や録音図書、見えにくい人には拡大文字の図書（大活字本）があります。布絵本など触る絵本もあります。

　点字図書や録音図書は、日本点字図書館がシステムを管理し、全国視覚障害者情報提供施設協会が運営している「サピエ」に登録すると、個人であれば無料で利用できます。また、国立国会図書館のウェブサイトには「障害のある方へ」というページがあり、視覚障害者などを対象とした個人向けのデータ送信サービスがあります。

　点字付き絵本は、目が見えない子も見える子も楽しめます。色彩はそのままに透明樹脂インクで盛り上げて印刷し、絵も点字も触って見ることができるのです。『ぐりとぐら』（なかがわりえこ作、おおむらゆりこ絵）、『ぞうくんのさんぽ』（なかのひろたか作・絵、なかのまさたかレタリング）、『しろくまちゃんのほっとけーき』『こぐまちゃんとどうぶつえん』（ともに、わかやまけん）、『あらしのよるに』（きむらゆういち作、あべ弘士絵）、『ノンタンじどうしゃぶっぶー』（キヨノサチコ作・絵）などの本があります。

　大活字本は、大人向けの作品が多く出版されていますが、講談社は「大き

第8章　読書とバリアフリー　181

な文字の青い鳥文庫」を刊行しています。これは読書工房からの通信販売で⁽¹²⁾購入できます。

②手話と読書

　聞こえない人や聞こえにくい人にとって、読書は見たり読んだりするもので聞くのではないのだからと、特に壁はないと思いがちです。しかし、聞こえない人や聞こえにくい人たちにも、特に子どもたちに読み聞かせやストーリーテリングを楽しんでほしいです。そこで、手話通訳や、手話や文字入りの映像が役に立ちます。

　日本手話と日本語は文法が少し異なり、生まれながらにして日本手話が母語の子もいます。そういう子どもにとって、日本語は第二言語です。手話付きの絵本やデジタル絵本も出版されています。

　手話には、日本手話と日本語対応手話、双方の中間型手話がありますが、私たちの多くは「手話」としか認識できていません。いろいろな場面で使われている手話や手話通訳がどれなのか、はっきりわからないのが現状です。2022年9月から施行された東京都手話言語条例でも「手話」としか表現されていません。一方で、口の動きから言葉を読み取る方法もあります。どれを推奨したり採用したりするのかは、今後の大きな課題です。

③マルチメディア DAISY

　マルチメディア DAISY（デイジー）は、情報端末で視聴します。文字が音声で読み上げられ、読んでいるところが色で示されます。速度や色を変えることができ、繰り返しも可能です。絵や写真も入っています。知的障害や学習障害がある児童・生徒には文章が読みやすくなります。ベッドや布団のなかでも視聴できるので、入院中の児童・生徒にも便利です。情報端末が消毒できれば無菌室でも視聴できるそうです。製作元である伊藤忠記念財団ウェブサイトの「マルチメディア DAISY 図書とは」の説明には、「マルチメディア DAISY 図書が有効であるとされる方」として、「発達障害（自閉症スペクトラム障害、学習障害、注意欠陥・多動性障害）、知的障害、上肢障害、視覚

図8 マルチメディアDAISYの画面例、「舌をぬかれたお獅子」
(出典:「わいわい文庫」の視聴サイトから、許可を得て転載。製作:伊藤忠記念財団、協力:稲城市立図書館。また注(14)も参照)

障害(全盲・弱視)などのために、通常の書籍を読むことが困難な方」[13]と例示されています。

図8では、マルチメディアDAISYの画面例として、「舌をぬかれたお獅子」の最初の画面を示しています。[14]

伊藤忠記念財団では、「わいわい文庫」と名付けたマルチメディアDAISYを学校、図書館、医療機関などの団体に無償で寄贈する活動をおこなっています。禁止事項に「障害のある方以外に提供すること」とありますが、青い盤面に収録した作品は、障害の有無にかかわらず利用できます。「わいわい文庫」のサイトには、マルチメディアDAISYの説明や「わいわい文庫」作品の一覧などを掲載しています。

また、日本障害者リハビリテーション協会が作成した「デイジー子どもゆめ文庫」[15]は、会員登録をすれば個人でもマルチメディアDAISYが利用できます。「わいわい文庫」のサイトには、国立国会図書館の「視覚障害者等用データ送信サービス」と日本障害者リハビリテーション協会の「デイジー子どもゆめ文庫」のリンクが張られています。「デイジー子どもゆめ文庫」は、日本障害者リハビリテーション協会のサイトからだと見つけるのが難しいの

で、「わいわい文庫」からのリンク、または「デイジー子どもゆめ文庫」で検索することをお勧めします。

④ LL ブック

知的障害や学習障害、日本語の理解が不十分など、さまざまな理由で読むことが苦手な児童・生徒のための本に LL ブックがあります。「LL」はスウェーデン語の Lättläst の略で、「やさしく読みやすい本」の意味です。

樹村房から出版されている『わたしのかぞく──なにが起こるかな?』『はつ恋』『旅行にいこう!』『仲間といっしょに』や、いろいろな職場で働く人の一日を紹介した埼玉福祉会の「仕事に行ってきます」シリーズ、自立生活のスキルを取り上げた国土社の「ひとりでできるかな!?」のシリーズ（全7巻）などが出版されています。「ひとりでできるかな!?」シリーズは、全国学校図書館協議会の学校図書館出版賞大賞を受賞しています。

読むことが苦手でも、体の成長とともに心も成長していきます。小さい頃は、絵本や読み聞かせで読書を楽しむことができますが、成長するにつれて年齢に応じた内容でやさしく書かれた本が必要になります。

LL ブックと銘打っていなくても、『アンジュール──ある犬の物語』（ガブリエル・バンサン）や『スノーマン』（レイモンド・ブリッグズ）のように文字がない絵本もあります。これらは子どもから大人まで楽しむことができます。青少年や大人向けなど、幅広い読者を想定した絵本も楽しめるのではないかと思いますが、たとえ文字が少なくても、少しでも抽象的な表現になると理解するのが苦手な人もいて、やはりそれぞれ個に応じた支援が大切です。

環境整備

図書館や学校図書館は、多様な利用者が支障なく利用できることが大切です。そのためにはまず、施設や設備のバリアを取り除かなければなりません。

図書館は、障害の有無にかかわらず利用しやすい場所にあることが利用の促進につながります。駅の近くや買い物ついでに寄れるような場所に公共図書館があると図書館が身近になります。学校図書館も、校舎の玄関を入って

すぐの場所に設置する場合があります。また、学校図書館やパソコン室、多目的教室を隣接して設置し、それらを囲むように各教室を配置している学校もあります。こうした学校では、学校図書館が活発に利用されているようです。

　小学校では書架の高さがポイントです。高書架は高くても5段程度にして、低学年でも手が届く低書架をたくさん置きたいものです。車いすの児童・生徒が多い特別支援学校では、車いすに乗ったまま手が届くように高すぎない書架を使用すると同時に、書架の下のほうに車いすを差し入れる設計にしたそうです。その分、体を書架に近付けられるわけです。

　書架や机の間の広さは、車いすが通れる程度の幅を確保しましょう。特別支援学校でなくても、いつ車いすや松葉杖の児童・生徒が通学するかわかりません。

　小学校の閲覧机と椅子のサイズや高さは、低学年でも高学年でも使えるよ

うにしましょう。館内の明るさも読書にちょうどいい明るさにします。本に直接太陽の光が当たらないようにすることも忘れてはいけません。本の背に太陽光が当たっていると、赤い文字は1年もしないうちに日焼けして見えなくなってしまいます。

サインや掲示物のわかりやすさにも配慮が必要です。色だけでのサインでは理解しにくいという人もいます。図書館員のアイデアだけで本の排架や資料の置き場所を工夫したのでは、ほかの人にはその図書館員の考え方が伝わらないので、かえって不便になってしまうことがあります。障害の有無にかかわらず利用しやすい図書館であることと、公共の施設ですからある程度は標準化されている必要もあります。

補助具や機器を用意する

手や指が不自由で紙の本が上手にめくれない場合には、補助具が必要になります。タブレットなら大丈夫と思っても、紙の本も読みたいでしょうし、可能なら読んでほしいです。付箋紙を使うとページをめくりやすくなるという話を聞いて試してみると、なるほどそうでした。寝たきりの人には、寝たままで本を読むための補助具もありますが、近年は、紙の本はスキャンしてデジタル化して読めるようにする傾向にあるようです。あまりコストをかけずに、読みたい本を誰でも読めるようにすることはとても大切です。自治体の取り組みや開発企業に期待したいところです。

読みにくさの壁を低くする補助具や機器として多くの公共図書館で見かけるのは、拡大読書機です。個人用の拡大補助具もいろいろと販売されています。拡大鏡を使えば文字を大きくして読むことができます。1行ずつ色のラインが付き、その行の文字が拡大される手軽な補助具もあります（写真3）。

さらに、紙面に色を付けるカラークリアファイル（写真4）、1行ずつ読むところを示すリーディングトラッカー（写真5）も商品化されています。カラークリアファイルの代わりに色付きのセロファン紙を使っている人もいます。手作りの厚紙にスリットを入れたリーディングトラッカーを使っている人も見かけます。読んでいる行に定規を当てるだけで読みやすくなるという

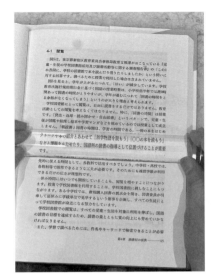

写真3　1行ずつ色のラインが付く拡大鏡

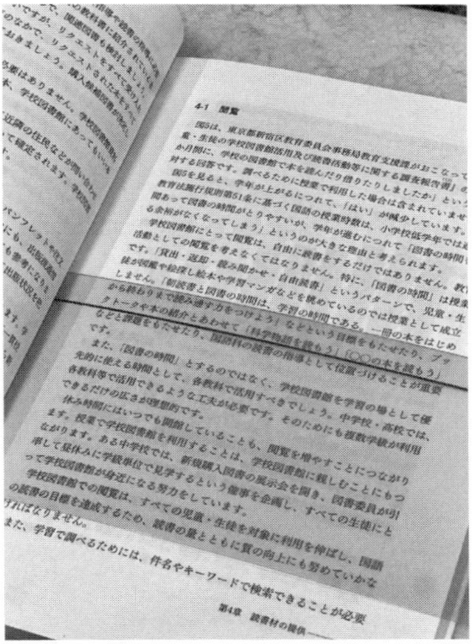

写真4　カラークリアファイル

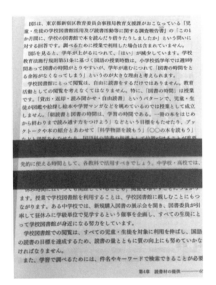

写真5　リーディングトラッカー

第8章　読書とバリアフリー　　187

人もいます。もちろん、それでも読めない人もいます。いろいろ工夫しながら、個に応じて対応することが基本だと思います。

直接的な支援

目が見えない人を対象にした読書支援に対面朗読があります。知人が対面朗読のボランティアをしていたときのこと、「ただ読めばいいというような簡単なことではない」と話していました。研究者に対面朗読をする場合は専門書を読むこともあり、書いてあることの理解も必要で、やりがいを感じながら努力していました。

文字を読むことに抵抗がある場合は、読み聞かせやストーリーテリングが効果的です。目が見えない人にとって、ストーリーテリングは耳からの読書としてもうってつけです。

東京都立多摩図書館が作成した冊子「特別支援学校での読み聞かせ[16]」には、「特別支援学校での読み聞かせ 6つの手法」が掲載してあります。学校でも家庭でも参考になると思いますので、概略を紹介します。

①寄り添って読む

子どもの気持ちに寄り添って本文以外でも「おいしそうだね」「犬が寝ているね」などと語り掛ける。

②一部分を読む

子どもが興味を引かれる一部分を読む。特に知識の本に効果がある。

③ダイジェストで読む

ストーリーの本筋に沿って、本の持ち味を損なわないように。

④読んだことを体験する

実物を添えたり、読んだことを体験したり、指人形で呼びかけたり。

⑤クイズをしながら読む

⑥繰り返して読む

4 すべての子どもたちが読書をすること

　読書は、子どもの成長にとって欠くことができないものです。本章では、「全ての子どもたちが読書活動の恩恵を受けられる」ためのさまざまな手立てを述べてきました。家庭や学校が読書をする環境であってほしいですが、特に理由はないけれど読書から遠ざかってしまっている児童・生徒も存在するのが現状です。すべての児童・生徒と本との出合いを作るためにもさまざまな読書活動があります。

　ある中学校の学校司書は、「出前ブックトーク」をおこなっています。朝読書の時間に学校司書が、順番に各学級にブックトークをしにいくのです。生徒は、1学期に1回ぐらいの頻度でブックトークを聞くことになります。箱に本を入れて、休み時間に教室付近に移動図書館のように出かけて「本を借りませんか」と呼びかけているという実践も聞いたことがあります。

　読書習慣の形成には、本を読む時間を学校生活のなかで確保することが効果的です。その時間は好きな本を読めばいいのですが、本との出合いの場を作れば、読書の幅が広がります。発達段階やその学級の実態を考えて薦めたい本を学級文庫に置いたり、一言紹介したりするのもいいでしょう。学校司書や司書教諭が選書して学級貸出をおこなっている学校もあります。「朝の読書セット」を作って学校に団体貸出をしている公共図書館もあります。

　学校図書館では、児童・生徒のリクエストも参考にしながら児童・生徒の実態に合わせた選書をして、紹介する機会を設けるといいでしょう。家庭での子育てでは、衣食住の次に勉強、習い事などが関心事だと思いますが、家庭の文化環境も子どもの成長にとってとても重要です。

　すべての子どもたちには読書をする権利があります。子どもたちをとりまく大人は、すべての子どもたちが読書活動の恩恵を受けられるように、また読むことが苦痛ではなく楽しいことになり、読みたい本の選択肢が広がるように、努力する義務があるのではないでしょうか。

第8章　読書とバリアフリー　189

5　読書バリアフリーを理解するための図書

『図書館利用に障害のある人々へのサービス　補訂版』上・下、日本図書館協会障害者サービス委員会編、日本図書館協会、2021年
　図書館利用に障害をもつ人々への図書館サービスについての理論と実際について書かれています。上巻では、障害者サービスの歴史や障害の種類、資料、障害者サービスの実際、環境整備などを掲載しています。下巻では、制度や法規、実践事例、また学校図書館の事例も掲載しています。専門的でしっかりした内容なので少し難しいかもしれません。

『読書バリアフリー――見つけよう！自分にあった読書のカタチ』読書工房編著、国土社、2023年
　読書バリアフリーについての専門的でやさしい児童書で、大人にもぜひ読んでほしい一冊です。まず、「読みやすさ」「わかりやすさ」についてイラストや写真と説明で理解でき、「バリアフリー図書」を紹介しています。「私の読書スタイル」として掲載されている読書バリアフリーが必要な9人の話は当事者の声として貴重です。

『多様性と出会う学校図書館―― 一人ひとりの自立を支える合理的配慮へのアプローチ』野口武悟／成松一郎編著、読書工房、2015年
　著者の野口武悟さんは、特別支援教育と学校図書館や子どもの読書の研究にかけては第一人者だと私は思っています。氏の著書のなかでも本書は、「読むことが苦手な子どもたちも図書館は大好き」「他者と出会い、自分と出会う場――セクシャリティの固定観念を超えて」などの章で、多くの実践事例を紹介していてとても参考になります。教員はもちろん、教員でない方にも興味深い内容です。

注

(1) 前掲「第五次「子どもの読書活動の推進に関する基本的な計画」」について（通知）」

(2) 中央教育審議会「「令和の日本型学校教育」の構築を目指して——全ての子供たちの可能性を引き出す、個別最適な学びと、協働的な学びの実現（答申）」2021年1月26日（https://www.mext.go.jp/content/20210126-mxt_syoto02-000012321_2-4.pdf）［2024年7月25日アクセス］

(3) 前掲「第五次子どもの読書活動の推進に関する基本的な計画」8ページ

(4) 文部科学省「特別支援教育について——特別支援教育に関する中央教育審議会答申「特別支援教育を推進するための制度の在り方について」（平成17年12月8日発表）の抜粋」（https://www.mext.go.jp/a_menu/shotou/tokubetu/main/001.htm）［2024年7月25日アクセス］

(5) 内閣府「障害者の差別解消に向けた理解促進ポータルサイト」（https://shougaisha-sabetukaishou.go.jp/）［2024年7月25日アクセス］

(6) 同ウェブサイト内「精神障害のある方について（合理的配慮の提供）」（https://shougaisha-sabetukaishou.go.jp/goritekihairyo/seisinsyogai/）［2024年7月25日アクセス］

(7) 厚生労働省「「視覚障害者等の読書環境の整備の推進に関する基本的な計画」の決定について」（https://www.mhlw.go.jp/stf/newpage_12412.html）［2024年7月25日アクセス］

(8) 文部科学省「視覚障害者等の読書環境の整備（読書バリアフリー）について」（https://www.mext.go.jp/a_menu/ikusei/gakusyushien/1421441.htm）［2024年7月25日アクセス］

(9) 前掲「第五次子どもの読書活動の推進に関する基本的な計画」8ページ

(10)「サピエ 視覚障害者情報総合ネットワーク」（https://www.sapie.or.jp/cgi-bin/CN1WWW）［2024年7月25日アクセス］

(11) 国立国会図書館「障害のある方へ」（https://www.ndl.go.jp/jp/support/index.html）［2024年7月25日アクセス］

(12)「読書工房」（https://d-kobo.jp/）［2024年7月25日アクセス］

(13) 公益財団法人伊藤忠記念財団「マルチメディアDAISY図書とは」（https://www.itc-zaidan.or.jp/summary/ebook/waiwai/daisy.html）［2024年7月25日アクセス］

（14）「舌をぬかれたお獅子 方言テキスト版」（https://www.itc-zaidan.or.jp/summary/ebook/waiwai/daisy_content/06_shishi2/ChattyBookContent/index.html）［2024年7月25日アクセス］。「日本昔話の旅71」（脚本：『稲城の昔ばなし 改訂版』）、「わいわい文庫2023 Ver.BLU」稲城市教育委員会教育部生涯学習課編、稲城市教育委員会発行、絵：稲城市立図書館制作ボランティアみかん、指導：稲田善樹、音訳：音訳グループペア、協力：稲城市立図書館

（15）公益財団法人日本障害者リハビリテーション協会「デイジー子どもゆめ文庫」（https://yume.jsrpd.jp/）［2024年7月25日アクセス］

（16）東京都立多摩図書館「特別支援学校での読み聞かせ──都立多摩図書館の実践から」（都立図書館・学校支援シリーズ）2013年（https://www.library.metro.tokyo.lg.jp/uploads/tokubetsu.pdf）［2024年7月25日アクセス］。この資料は、サイトがリニューアルされると収納場所が変わることが多いです。2024年7月25日現在では、東京都立図書館のサイトを開き、「ホーム＞コレクション紹介＞特色あるコレクションの紹介・都立多摩図書館のコレクション・児童研究書＞特別支援学校での読み聞かせ 増訂版」で閲覧できます。

ブックリスト

第2章　本を読むということ

『育てて、発見！「ジャガイモ」』真木文絵文、石倉ヒロユキ写真・絵（福音館の科学）、福音館書店、2015年

第3章　乳幼児期と読書

『いないいないばあ』松谷みよ子文、瀬川康男絵（松谷みよ子 あかちゃんの本）、童心社、1967年

『はなのすきなうし』マンロー・リーフ文、ロバート・ローソン絵、光吉夏弥訳（岩波の子どもの本）、岩波書店、1954年

『三びきのやぎのがらがらどん ノルウェーの昔話』マーシャ・ブラウン絵、せたていじ訳（世界傑作絵本）、福音館書店、1965年

「おはなしのろうそく」1－33（以下続刊）、東京子ども図書館編、大社玲子挿絵、東京子ども図書館、1973年－

『三びきのこぶた イギリスの昔話』瀬田貞二訳、山田三郎画（こどものとも絵本）、福音館書店、1967年

『八郎』斎藤隆介作、滝平二郎画（日本傑作絵本）、福音館書店、1967年

『ききみみずきん』木下順二文、初山滋絵（岩波の子どもの本）、岩波書店、1956年

『かさじぞう 日本の昔話』瀬田貞二再話、赤羽末吉画（こどものとも絵本）、福音館書店、1966年

ブックリスト　　193

『おおかみと七ひきのこやぎ グリム童話』フェリクス・ホフマン絵、せたていじ訳（世界傑作絵本）、福音館書店、1967年

『ふるやのもり 日本の昔話』瀬田貞二再話、田島征三絵（こどものとも絵本）、福音館書店、1969年

『ふしぎなたいこ』石井桃子文、清水崑絵（岩波の子どもの本）、岩波書店、1953年

『やまんばのにしき』まつたにみよこ文、せがわやすお絵（むかしむかし絵本）、ポプラ社、1967年

『ゆきおんな』まつたにみよこ文、あさくらせつ絵（むかしむかし絵本）、ポプラ社、1969年

『スーホの白い馬 モンゴル民話』大塚勇三再話、赤羽末吉画（日本傑作絵本）、福音館書店、1967年

『さんまいのおふだ 新潟の昔話』水沢謙一再話、梶山俊夫画（こどものとも絵本）、福音館書店、1985年

『三ねんねたろう』おおかわえっせい文、わたなべさぶろう絵（むかしむかし絵本）、ポプラ社、1967年

『こぶとり』おおかわえっせい文、おおたこうじ絵（むかしむかし絵本）、ポプラ社、1968年

『いっすんぼうし』おおかわえっせい文、えんどうてるよ絵（むかしむかし絵本）、ポプラ社、1967年

『さるじぞうほいほい』大川悦生作、梅田俊作絵（子どもがはじめてであう民話）、ポプラ社、1976年

『おふろでちゃぷちゃぷ』松谷みよ子文、いわさきちひろ絵（松谷みよ子 あかちゃんの本）、童心社、1970年

『くだもの』平山和子作（福音館の幼児絵本）、福音館書店、1981年

『がたん ごとん がたん ごとん』安西水丸作（福音館あかちゃんの絵本）、福音館書店、1987年

『どうぶつのおやこ』藪内正幸画（福音館あかちゃんの絵本）、福音館書店、1966年

『サンドイッチ サンドイッチ』小西英子作（福音館の幼児絵本）、福音館書店、
2008年

『あおくんときいろちゃん』レオ・レオーニ作、藤田圭雄訳、至光社、1967
年

『はなをくんくん』ルース・クラウス文、マーク・シーモント絵、きじまは
じめ訳（世界傑作絵本）、福音館書店、1967年

『ぞうくんのさんぽ』なかのひろたか作・絵、なかのまさたかレタリング
（こどものとも絵本）、福音館書店、1977年

『てぶくろ ウクライナ民話』エウゲーニー・M・ラチョフ絵、うちだりさこ
訳（世界傑作絵本）、福音館書店、1965年

『ねずみくんのチョッキ』なかえよしを作、上野紀子絵（絵本のひろば）、ポ
プラ社、1974年

『おだんごぱん ロシアの昔話』せたていじ訳、わきたかず絵（日本傑作絵本）、
福音館書店、1966年

『はらぺこあおむし』エリック゠カール作、もりひさし訳、偕成社、1976年

『からすのパンやさん』かこさとし作・絵（かこさとし おはなしのほん）、偕
成社、1973年

『にんじんばたけのパピプペポ』かこさとし作・絵（かこさとし おはなしのほ
ん）、偕成社、1973年

『どろぼうがっこう』かこさとし作・絵（かこさとし おはなしのほん）、偕成
社、1973年

『おおきな おおきな おいも——鶴巻幼稚園・市村久子の教育実践による』
赤羽末吉作・絵（福音館創作童話）、福音館書店、1972年

『さつまのおいも』中川ひろたか文、村上康成絵（ピーマン村の絵本たち）、
童心社、1995年

第4章　小学校低学年（1年生・2年生）の読書

『キャベツくん』長新太文・絵（みるみる絵本）、文研出版、1980年

『ゴムあたまポンたろう』長新太作（絵本・こどものひろば）、童心社、1998年

「たまごにいちゃん」シリーズ、あきやまただし作・絵、鈴木出版、2001年 −

「ねこざかな」シリーズ、わたなべゆういち作・絵、フレーベル館、1982年 −

『うどんのうーやん』岡田よしたか作、ブロンズ新社、2012年

『ちくわのわーさん』岡田よしたか作、ブロンズ新社、2011年

「パンどろぼう」シリーズ、柴田ケイコ、KADOKAWA、2020年 −

「かいけつゾロリ」シリーズ、原ゆたか作・絵、ポプラ社、1987年 −

「キャベたまたんてい」シリーズ、三田村信行作、宮本えつよし絵、金の星社、1998年 −

「おしりたんてい」シリーズ、トロル作・絵、ポプラ社、2012年 −

『だるまさんが』かがくいひろし作、ブロンズ新社、2008年

『おもちのきもち』かがくいひろし（講談社の創作絵本）、講談社、2005年

「へんしん」シリーズ、あきやまただし作・絵、金の星社、2002年 −

「モンスター・ホテル」シリーズ、柏葉幸子作、高畠純絵、小峰書店、1991年 −

「ぞくぞく村のおばけ」シリーズ（全19巻）末吉暁子作、垂石眞子絵、あかね書房、1989 − 2016年

「はれぶた」シリーズ、矢玉四郎作・絵、岩崎書店、1980年 −

「アッチ・コッチ・ソッチの小さなおばけ」シリーズ、角野栄子作、佐々木洋子絵（ポプラ社の小さな童話／ポプラ社の新・小さな童話）、ポプラ社、1979年 −

「王さま」シリーズ、寺村輝夫作、和歌山静子絵、理論社、1959 − 96年

「おはなしりょうりきょうしつ」シリーズ（全10巻）、寺村輝夫作、岡本颯子絵、あかね書房、1982 − 90年

「わかったさんのおかし」シリーズ（全10巻）、寺村輝夫作、永井郁子絵、あかね書房、1987 - 91年

「きつねの子」シリーズ（全5巻）、もりやまみやこ作、つちだよしはる絵、あかね書房、1985 - 88年

『れいぞうこのなつやすみ』村上しいこ作、長谷川義史絵（「わがままおやすみ」シリーズ）、PHP研究所、2006年

『ランドセルのはるやすみ』村上しいこ作、長谷川義史絵（「わがままおやすみ」シリーズ）、PHP研究所、2009年

『いやいやえん』中川李枝子作、大村百合子絵、子どもの本研究会編集（福音館創作童話）、福音館書店、1962年

『ももいろのきりん』中川李枝子作、中川宗弥絵（福音館創作童話）、福音館書店、1965年

『なぞなぞのすきな女の子 新装版』松岡享子作、大社玲子絵（キッズ文学館）、Gakken、2023年

『くまの子ウーフ』神沢利子作、井上洋介絵（くまの子ウーフの童話集）、ポプラ社、2001年

「1ねん1くみ」シリーズ（全25巻）、後藤竜二作、長谷川知子絵（こどもおはなしランド）、ポプラ社、1984 - 2009年

『あおい目のこねこ』エゴン・マチーセン作・絵、せたていじ訳（世界傑作童話）、福音館書店、1965年

『ジェインのもうふ』アーサー゠ミラー作、アル゠パーカー絵、厨川圭子訳、偕成社、1971年

「エルマーのぼうけん」シリーズ（愛蔵版・全3巻）、ルース・スタイルス・ガネット作、ルース・クリスマン・ガネット絵、わたなべしげお訳、子どもの本研究会編（世界傑作童話）、福音館書店、2008年

『番ねずみのヤカちゃん』リチャード・ウィルバー作、松岡享子訳、大社玲子絵（世界傑作童話）、福音館書店、1992年

『ひまわり』荒井真紀文・絵（荒井真紀 花の絵本）、金の星社、2013年

『あさがお』荒井真紀文・絵（荒井真紀 花の絵本）、金の星社、2011年

『たんぽぽ』荒井真紀文・絵（荒井真紀 花の絵本）、金の星社、2015年

『たんぽぽ』平山和子文・絵、北村四郎監修（かがくのとも絵本）、福音館書店、1976年

『みかんのひみつ』鈴木伸一監修、岩間史朗写真（しぜんにタッチ！シリーズ）、ひさかたチャイルド、2007年

『ダンゴムシ みつけたよ』皆越ようせい写真・文（ふしぎいっぱい写真絵本）、ポプラ社、2002年

『ダンゴムシ』今森光彦文・写真（やあ！出会えたね）、アリス館、2002年

『みんなで！いえをたてる』竹下文子作、鈴木まもる絵（竹下文子×鈴木まもる のりもの絵本）、偕成社、2011年

『はこぶ』鎌田歩作・絵、教育画劇、2014年

『地下鉄のできるまで』加古里子作（みるずかん・かんじるずかん）、福音館書店、1987年

『よわいかみつよいかたち』かこ・さとし著・絵（かこ・さとし かがくの本）、童心社、1988年

『しずくのぼうけん』マリア・テルリコフスカ作、ボフダン・ブテンコ絵、うちだりさこ訳（世界傑作絵本）、福音館書店、1969年

『かいじゅうたちのいるところ』モーリス・センダック作、じんぐうてるお訳、冨山房、1975年

『ねえ、どれがいい？ 改訳新版』ジョン・バーニンガム作、まつかわまゆみ訳（評論社の児童図書館・絵本の部屋）、評論社、2010年

『おおきくなるっていうことは』中川ひろたか文、村上康成絵（ピーマン村の絵本たち）、童心社、1999年

『となりのせきのますだくん』武田美穂作・絵（えほんとなかよし）、ポプラ社、1991年

『としょかんライオン』ミシェル・ヌードセン作、ケビン・ホークス絵、福本友美子訳（海外秀作絵本）、岩崎書店、2007年

『いたずら王子バートラム』アーノルド・ローベル作、ゆもとかずみ訳、偕成社、2003年

「がまくんとかえるくん」シリーズ（全4巻）、アーノルド・ローベル作、三木卓訳（ミセスこどもの本）、文化出版局、1972 - 80年

『どろんここぶた』アーノルド・ローベル作、岸田衿子訳（ミセスこどもの本）、文化出版局、1971年

『歯がぬけた』中川ひろたか作、大島妙子絵（わたしのえほん）、PHP研究所、2002年

『おすしやさんにいらっしゃい！──生きものが食べものになるまで』おかだだいすけ文、遠藤宏写真（かがくヲたのしむノンフィクション）、岩崎書店、2021年

『じっちょりんのたんじょういわい』かとうあじゅ、文溪堂、2023年

『しっぱいにかんぱい！』宮川ひろ作、小泉るみ子絵（かんぱい！シリーズ）、童心社、2008年

『びゅんびゅんごまがまわったら』宮川ひろ作、林明子絵（絵本・ちいさななかまたち）、童心社、1982年

第5章　小学校中学年（3年生・4年生）の読書

『さんねん峠 朝鮮のむかしばなし』李錦玉作、朴民宜絵（新・創作絵本）、岩崎書店、1981年

『ふしぎなしろねずみ 韓国のむかしばなし』チャン・チョルムン文、ユン・ミスク絵、かみやにじ訳、岩波書店、2009年

『かにむかし 日本むかしばなし』木下順二文、清水崑絵（岩波の子どもの本）、岩波書店、1959年

『泣いた赤おに』浜田廣介作、梶山俊夫絵（日本の童話名作選）、偕成社、1992年

『モグラのもんだい モグラのもんく』かこさとし作（かこさとし 大自然のふしぎえほん）、小峰書店、2001年

『もぐらはすごい』アヤ井アキコ作、川田伸一郎監修、アリス館、2018年

『キタキツネのおかあさん』竹田津実文・写真（たくさんのふしぎ傑作集）、福音館書店、2013年

『たぬき』いせひでこ、平凡社、2021年

『ゾウの長い鼻には、おどろきのわけがある！』山本省三文、喜多村武絵、遠藤秀紀監修（動物ふしぎ発見）、くもん出版、2008年

『もしも宇宙でくらしたら』山本省三作・絵、村川恭介監修（知ることって、たのしい！）、WAVE出版、2013年

『もしも深海でくらしたら』山本省三作・絵、長根浩義監修、WAVE出版、2022年

『ホネホネたんけんたい』西澤真樹子監修・解説、大西成明写真、松田素子文（オネホネ!? 絵本シリーズ）、アリス館、2008年

『チリメンモンスターをさがせ！』きしわだ自然資料館／きしわだ自然友の会／日下部敬之監修、偕成社、2009年

『かわ』加古里子作・絵（こどものとも絵本）、福音館書店、1966年

『たまがわ』村松昭作（日本の川）、偕成社、2008年

『きたかみがわ』村松昭作（日本の川）、偕成社、2022年

『海』加古里子文・絵（福音館の科学）、福音館書店、1969年

『宇宙——そのひろがりをしろう』加古里子文・絵（福音館の科学）、福音館書店、1978年

「里山は未来の風景」シリーズ（全4巻）、今森光彦監修、金の星社、2019年

『はがぬけたらどうするの？——せかいのこどもたちのはなし』セルビー・ビーラー文、ブライアン・カラス絵、こだまともこ訳、石川烈監修、フレーベル館、1999年

『世界のあいさつ』長新太作、野村雅一監修（みるずかん・かんじるずかん）、福音館書店、1989年

『すごいっ！みんなの通学路』ローズマリー・マカーニー文、西田佳子訳（世界に生きる子どもたち）、西村書店、2017年

『草原が大好き ダリアちゃん』長倉洋海（ともだちみつけた！）、アリス館、2023年

『新版 人に育てられたシロクマ・ピース』高市敦広語り、平野敦子構成・文（動物感動ノンフィクション）、学研パブリッシング、2011年

『がんばれ！しろくまピース——人工飼育でそだったホッキョクグマの赤ちゃん』大西伝一郎文、文溪堂、2003年

『カラスのいいぶん——人と生きることをえらんだ鳥』嶋田泰子著、岡本順絵（ノンフィクション・生きものって、おもしろい!）、童心社、2020年

『カラスの大研究——都会の悪者か 神さまの使いか』国松俊英文、関口シュン絵（未知へのとびらシリーズ）、PHP研究所、2000年

『スズメの大研究——人間にいちばん近い鳥のひみつ』国松俊英文、関口シュン絵（未知へのとびらシリーズ）、PHP研究所、2004年

『五体不満足 完全版』乙武洋匡（講談社文庫）、講談社、2001年

「黒ねこサンゴロウ」シリーズ（全10巻）、竹下文子文、鈴木まもる絵、偕成社、1994－96年

『ピノッキオのぼうけん』カルロ・コルローディ作、安藤美紀夫訳、臼井都画（福音館古典童話）、福音館書店、1970年

『大造じいさんとがん』椋鳩十作、あべ弘士絵、理論社、2017年

『総合百科事典ポプラディア 第三版』（全18巻）ポプラ社、2021年

『ポプラディア情報館』（全50巻）ポプラ社、2005－11年

『小学館こども大百科』小学館、2011年

「キッズペディア」シリーズ、小学館、2012年－

「やまんばあさん」シリーズ（全6巻）、富安陽子作、大島妙子絵、理論社、2002－11年

「ちいさいモモちゃん」シリーズ（全6巻）、松谷みよ子作、菊池貞雄／伊勢英子絵、講談社、1964－92年

『柿の木』宮崎学、偕成社、2006年

『干し柿』西村豊写真・文（あかね・新えほんシリーズ）、あかね書房、2006年

『カキの絵本』まつむらひろゆき編、きくちひでお絵（そだててあそぼう）、農山漁村文化協会、2001年

「のはらうた」シリーズ（全5巻）、くどうなおこ、童話屋、1984 － 2008年

『わたしと小鳥とすずと』金子みすゞ（金子みすゞ詩の絵本 みすゞこれくしょん）、金の星社、2005年

『新版 動物のうた』室生犀星作、かすや昌宏絵（新版・子ども図書館 詩の本棚）、大日本図書、1990年

『新版 てんぷらぴりぴり』まど・みちお作、杉田豊絵（新版・子ども図書館 詩の本棚）、大日本図書、1990年

『阪田寛夫童謡詩集 夕日がせなかをおしてくる』阪田寛夫作、北川幸比古編、濱田亘画（美しい日本の詩歌）、岩崎書店、1995年

『ノラネコの研究』伊澤雅子文、平出衛絵（たくさんのふしぎ傑作集）、福音館書店、1994年

『干したから…』森枝卓士写真・文（ふしぎびっくり写真えほん）、フレーベル館、2016年

『百まいのドレス』エレナー・エスティス作、石井桃子訳、ルイス・スロボドキン絵、岩波書店、2006年

『ルドルフとイッパイアッテナ』斉藤洋作、杉浦範茂絵（児童文学創作シリーズ）、講談社、1987年

『つるばら村のパン屋さん』茂市久美子作、中村悦子絵（わくわくライブラリー）、講談社、1998年

『びりっかすの神さま』岡田淳（偕成社文庫）、偕成社、2006年

『学校ウサギをつかまえろ』岡田淳作・絵（創作こどもクラブ）、偕成社、1986年

「カメレオンのレオン」シリーズ、岡田淳作、偕成社、2011年 －

『チョコレート戦争』大石真作、北田卓史絵（新・名作の愛蔵版）、理論社、1999年

『新版 ヒキガエルとんだ大冒険1 火曜日のごちそうはヒキガエル』ラッセル・E　エリクソン作、ローレンス・ディ・フィオリ絵、佐藤涼子訳（評論社の児童図書館・文学の部屋）、評論社、2008年

『ロアルド・ダール コレクション2 チョコレート工場の秘密』ロアルド・ダ

ール、クェンティン・ブレイク絵、柳瀬尚紀訳、評論社、2005年

『ロアルド・ダール コレクション5 ガラスの大エレベーター』ロアルド・ダ
　ール、クェンティン・ブレイク絵、柳瀬尚紀訳、評論社、2005年

『ロアルド・ダール コレクション1 おばけ桃が行く』ロアルド・ダール、ク
　ェンティン・ブレイク絵、柳瀬尚紀訳、評論社、2005年

『ロアルド・ダール コレクション16 マチルダは小さな大天才』ロアルド・
　ダール、クェンティン・ブレイク絵、宮下嶺夫訳、評論社、2005年

『小さい魔女』オトフリート＝プロイスラー作、ウィニー＝ガイラー絵、大
　塚勇三訳（新しい世界の童話）、学習研究社、1965年

『小さいおばけ』オトフリート・プロイスラー作、フランツ・ヨーゼフ・ト
　リップ絵、はたさわゆうこ訳、徳間書店、2003年

『大どろぼうホッツェンプロッツ』オトフリート・プロイスラー作、フラン
　ツ・ヨーゼフ・トリップ絵、中村浩三訳（世界の子どもの本）、偕成社、
　1966年

第6章　小学校高学年（5年生・6年生）の読書

『読まれなかった手紙』杉田秀子文、小坂茂絵（くもんの児童文学）、くもん
　出版、2007年

『雪わたり』宮沢賢治作、堀内誠一画（福音館創作童話）、福音館書店、1969
　年

『セロひきのゴーシュ』宮沢賢治作、茂田井武絵（福音館創作童話）、福音館
　書店、1966年

『注文の多い料理店』宮沢賢治作、島田睦子絵（日本の童話名作選）、偕成社、
　1984年

『どんぐりと山猫』宮沢賢治作、高野玲子絵（日本の童話名作選）、偕成社、
　1989年

『よだかの星』宮沢賢治作、中村道雄絵（日本の童話名作選）、偕成社、1987

年

『オツベルと象』宮沢賢治作、遠山繁年絵（日本の童話名作選）、偕成社、1997年

『銀河鉄道の夜』宮沢賢治作（岩波少年文庫）、岩波書店、2000年

『銀河鉄道の夜』宮沢賢治作、太田大八絵（講談社青い鳥文庫、「宮沢賢治童話集」第3巻）、講談社、2009年

『風の又三郎』宮沢賢治作（岩波少年文庫）、岩波書店、2000年

『風の又三郎』宮沢賢治作、太田大八絵（講談社青い鳥文庫、「宮沢賢治童話集」第2巻）、講談社、2008年

『キング牧師の力づよいことば──マーティン・ルーサー・キングの生涯』ドリーン・ラパポート文、ブライアン・コリアー絵、もりうちすみこ訳（後世に伝えたい偉人のことば）、国土社、2002年

『絵本 アンネ・フランク』ジョゼフィーン・プール文、アンジェラ・バレット絵、片岡しのぶ訳（「知」の絵本シリーズ）、あすなろ書房、2005年

『木のすきなケイトさん──砂漠を緑の町にかえたある女のひとのおはなし』H・ジョゼフ・ホプキンズ文、ジル・マケルマリー絵、池本佐恵子訳、BL出版、2015年

『耳の聞こえないメジャーリーガー ウィリアム・ホイ』ナンシー・チャーニン文、ジェズ・ツヤ絵、斉藤洋訳、光村教育図書、2016年

『きまぐれロボット』星新一（角川文庫）、角川書店、2006年

『星新一ショートショートセレクション』（全15巻）、星新一、和田誠絵、理論社、2001 - 04年

『最後のひと葉』オー・ヘンリー、金原瑞人訳（岩波少年文庫）、岩波書店、2001年

『宇宙人のしゅくだい』小松左京作、堤直子絵（講談社青い鳥文庫SLシリーズ）、講談社、1981年

『やまとゆきはら──白瀬南極探検隊』関屋敏隆作（日本傑作絵本）、福音館書店、2002年

『エンザロ村のかまど』さくまゆみこ文、沢田としき絵（たくさんのふしぎ傑

作集)、福音館書店、2009年

『おじいちゃんは水のにおいがした』今森光彦、偕成社、2006年

『図書館に児童室ができた日——アン・キャロル・ムーアのものがたり』ジャン・ピンボロー文、デビー・アトウェル絵、張替惠子訳、徳間書店、2013年

『本のれきし5000年』辻村益朗作(たくさんのふしぎ傑作集)、福音館書店、1992年

『バスラの図書館員——イラクで本当にあった話』ジャネット・ウィンター絵・文、長田弘訳、晶文社、2006年

『エジプトのミイラ』アリキ・ブランデンバーグ文・絵、神鳥統夫訳、佐倉朔監修(「知」の絵本シリーズ)、あすなろ書房、2000年

『絵とき ゾウの時間とネズミの時間』本川達雄文、あべ弘士絵(たくさんのふしぎ傑作集)、福音館書店、1994年

『トイレのおかげ』森枝雄司写真・文、はらさんぺい絵(たくさんのふしぎ傑作集)、福音館書店、2007年

『木を植えた人』ジャン・ジオノ著、原みち子訳、こぐま社、1989年

『木を植えた男』ジャン・ジオノ原作、フレデリック・バック絵、寺岡襄訳、あすなろ書房、1989年

『沈黙の春』レイチェル・カーソン、青樹簗一訳(新潮文庫)、新潮社、1974年

『センス・オブ・ワンダー』レイチェル・カーソン、上遠恵子訳(新潮文庫)、新潮社、2021年

『自然と人間 道は生きている 新装版』富山和子作、大庭賢哉絵(講談社青い鳥文庫)、講談社、2012年

『自然と人間 川は生きている 新装版』富山和子作、大庭賢哉絵(講談社青い鳥文庫)、講談社、2012年

『自然と人間 森は生きている 新装版』富山和子作、大庭賢哉絵(講談社青い鳥文庫)、講談社、2012年

『自然と人間 お米は生きている 新装版』富山和子作、大庭賢哉絵(講談社青

い鳥二庫）、講談社、2013年

『自然と人間 海は生きている 新装版』富山和子作、大庭賢哉絵（講談社青い
　　鳥文庫）、講談社、2017年

『森へ』星野道夫文・写真（たくさんのふしぎ傑作集）、福音館書店、1996年

『あるヘラジカの物語』星野道夫原案、鈴木まもる絵・文、あすなろ書房、
　　2020年

『みみずのカーロ──シェーファー先生の自然の学校』今泉みね子著、中村
　　鈴子画、合同出版、1999年

『ツバル──海抜1メートルの島国、その自然と暮らし』遠藤秀一写真・文、
　　国土社、2004年

『地球温暖化、しずみゆく楽園 ツバル──あなたのたいせつなものはなんで
　　すか』山本敏晴写真・文、小学館、2008年

『クジラのおなかからプラスチック』保坂直紀、旬報社、2018年

『完全版 はだしのゲン』（全7巻）、中沢啓治、金の星社、2019 ‒ 20年

『ひろしまのピカ』丸木俊（記録のえほん）、小峰書店、1980年

『飛べ！千羽づる──ヒロシマの少女 佐々木禎子さんの記録 新装版』手島
　　悠介作、pon-marsh 絵（講談社青い鳥文庫）、講談社、2015年

『新版 ガラスのうさぎ』高木敏子作、武部本一郎画、金の星社、2000年

『白旗の少女』比嘉富子著、依光隆絵（講談社青い鳥文庫）、講談社、2000年

『ゆびき』早乙女勝元著、いわさきちひろ絵、新日本出版社、2013年

『はらっぱ──戦争・大空襲・戦後…いま』西村繁男画、神戸光男構成・文
　　（童心社の絵本）、童心社、1997年

『さがしています』アーサー・ビナード作、岡倉禎志写真、童心社、2012年

『まっ黒なお弁当』児玉辰春作、北島新平絵、新日本出版社、1989年

『絵本 まっ黒なおべんとう』児玉辰春文、長澤靖絵、新日本出版社、1995年

『あのころはフリードリヒがいた』ハンス・ペーター・リヒター作、上田真
　　而子訳（岩波少年文庫）、岩波書店、2000年

『せかいいちうつくしいぼくの村』小林豊作・絵（えほんはともだち）、ポプ
　　ラ社、1995年

『**イクバルの闘い──世界一勇気ある少年**』フランチェスコ・ダダモ作、荒瀬ゆみこ訳（鈴木出版の海外児童文学 この地球を生きる子どもたち）、鈴木出版、2004年

『**イクバル──命をかけて闘った少年の夢**』キアーラ・ロッサーニ文、ビンバ・ランドマン絵、関口英子訳、西村書店、2017年

『**武器より一冊の本をください──少女マララ・ユスフザイの祈り**』ヴィヴィアナ・マッツァ著、横山千里訳、金の星社、2013年

『**わたしはマララ──教育のために立ち上がり、タリバンに撃たれた少女**』マララ・ユスフザイ／クリスティーナ・ラム著、金原瑞人／西田佳子訳（光文社未来ライブラリー）、光文社、2023年

『**マララ・ユスフザイ**』リサ・ウィリアムソン著、マイク・スミス画、飯野眞由美訳、文溪堂、2023年

『**夏の庭 The Friends**』湯本香樹実（新潮文庫）、新潮社、1994年

『**バッテリー**』（全6巻）、あさのあつこ作、佐藤真紀子絵（角川つばさ文庫）、角川書店、2010 - 12年

『**コロボックル物語 1 だれも知らない小さな国 新イラスト版**』佐藤さとる作、村上勉絵、講談社、2015年

『**二分間の冒険**』岡田淳著、太田大八絵（偕成社の創作）、偕成社、1985年

『**ぼくのお姉さん**』丘修三作、かみやしん絵（偕成社の創作）、偕成社、1986年

『**トムは真夜中の庭で**』フィリパ・ピアス作、高杉一郎訳（岩波少年文庫）、岩波書店、2000年

『**秘密の花園**』F・H・バーネット作、猪熊葉子訳、堀内誠一画（福音館古典童話）、福音館書店、1979年

『**裏庭**』梨木香歩（理論社ライブラリー）、理論社、1996年

『**ローワンと魔法の地図**』（「リンの谷のローワン」第1巻）、エミリー・ロッダ作、さくまゆみこ訳、佐竹美保絵、あすなろ書房、2000年

『**ナルニア国ものがたり**』（全7巻）、C・S・ルイス作、瀬田貞二訳（岩波少年文庫）、岩波書店、2000年

第7章　中学生・高校生と読書

『橋のない川』（全7巻）、住井すゑ（新潮文庫）、新潮社、1981 – 94年

『ノルウェイの森』上・下、村上春樹（講談社文庫）、講談社、2004年

『1Q84』（全6巻）、村上春樹（新潮文庫）、新潮社、2012年

『こころ』夏目漱石（新潮文庫）、新潮社、2004年

『アユの話』宮地伝三郎（岩波新書）、岩波書店、1960年

『火花』又吉直樹（文春文庫）、文藝春秋、2017年

『推し、燃ゆ』宇佐見りん（河出文庫）、河出書房新社、2023年

『下町ロケット』池井戸潤（小学館文庫）、小学館、2013年

『サラバ！』上・中・下、西加奈子（小学館文庫）、小学館、2017年

『蜜蜂と遠雷』上・下、恩田陸（幻冬舎文庫）、幻冬舎、2019年

『博士の愛した数式』小川洋子（新潮文庫）、新潮社、2005年

『夜のピクニック』恩田陸（新潮文庫）、新潮社、2006年

『かがみの孤城』上・下、辻村深月（ポプラ文庫）、ポプラ社、2021年

『そして、バトンは渡された』瀬尾まいこ（文春文庫）、文藝春秋、2020年

『君の膵臓をたべたい』住野よる（双葉文庫）、双葉社、2017年

『風が強く吹いている』三浦しをん（新潮文庫）、新潮社、2009年

『オルタネート』加藤シゲアキ（新潮文庫）、新潮社、2023年

『大地』（全4巻）、パール・バック、新居格訳、中野好夫補訳（新潮文庫）、新
　潮社、2013年

『カラフル』森絵都（文春文庫）、文藝春秋、2007年

「守り人」シリーズ、上橋菜穂子（新潮文庫）、新潮社、2007年 –

『くちぶえ番長』重松清（新潮文庫）、新潮社、2007年

『きみの友だち』重松清（新潮文庫）、新潮社、2008年

『ウィズ・ユー with you』濱野京子作、中田いくみ装画・挿画（くもんの児
　童文学）、くもん出版、2020年

『鬼の橋』伊藤遊作、太田大八画（福音館文庫）、福音館書店、2012年

208

『空色勾玉』荻原規子（徳間文庫）、徳間書店、2010年

『白鳥異伝』上・下、荻原規子（徳間文庫）、徳間書店、2010年

『薄紅天女』上・下、荻原規子（徳間文庫）、徳間書店、2010年

『西の魔女が死んだ』梨木香歩（新潮文庫）、新潮社、2001年

『ナミヤ雑貨店の奇蹟』東野圭吾（角川文庫）、KADOKAWA、2014年

『最新版 指輪物語』（全6巻）、J・R・R・トールキン作、瀬田貞二／田中明子訳（評論社文庫）、評論社、2022年

『ゲド戦記』（全6巻）、アーシュラ・K・ル＝グウィン作、清水真砂子訳（岩波少年文庫）、岩波書店、2009年

『橋の上で』湯本香樹実文、酒井駒子絵、河出書房新社、2022年

『すみ鬼にげた』岩城範枝作、松村公嗣絵（福音館創作童話）、福音館書店、2009年

『鳥獣戯画を読む』（全3巻）、土屋貴裕監修、金の星社、2023年

『マイテーマの探し方——探究学習ってどうやるの？』片岡則夫（ちくまQブックス）、筑摩書房、2021年

『夕凪の街 桜の国』こうの史代（アクションコミックス）、双葉社、2004年

『この世界の片隅に』（全3巻）、こうの史代（アクションコミックス）、双葉社、2008 – 09年

第8章　読書とバリアフリー

『てんじつきさわるえほん ぐりとぐら』なかがわりえこ作、おおむらゆりこ絵、福音館書店、2013年

『てんじつきさわるえほん ぞうくんのさんぽ』なかのひろたか作・絵、なかのまさたかレタリング、福音館書店、2016年

『てんじつきさわるえほん しろくまちゃんのほっとけーき』わかやまけん、こぐま社、2009年

『てんじつきさわるえほん こぐまちゃんとどうぶつえん』わかやまけん、こ

ぐま社、2013年

『点字つきさわる絵本 あらしのよるに』きむらゆういち文、あべ弘士絵、講
談社、2017年

『てんじつきさわるえほん ノンタンじどうしゃぶっぶー』キヨノサチコ作・
絵、偕成社、2013年

『わたしのかぞく──なにが起こるかな?』LL ブック(やさしく読める本)制
作グループ編、藤澤和子／川﨑千加／多賀谷津也子著(LL ブック)、樹村
房、2015年

『はつ恋』藤澤和子／川﨑千加／多賀谷津也子企画・編集・制作(LL ブック)、
樹村房、2017年

『旅行にいこう!』藤澤和子／川﨑千加／多賀谷津也子／小安展子企画・編
集・制作(LL ブック)、樹村房、2019年

『仲間といっしょに』藤澤和子／川﨑千加／多賀谷津也子／小安展子企画・
編集・制作(LL ブック)、樹村房、2023年

「仕事に行ってきます」シリーズ、藤井克徳／大垣勲男／原智彦／野口武悟
監修、季刊『コトノネ』編集部著、埼玉福祉会、2018年 –

「ひとりでできるかな!? 国土社の LL ブック」シリーズ(全7巻)、読書工房
編・著、国土社、2021 – 23年

『アンジュール──ある犬の物語』ガブリエル・バンサン、ブックローン出
版、1986年

『スノーマン』レイモンド・ブリッグズ(評論社の児童図書館・絵本の部屋)、
評論社、1998年

おわりに

　本書では、子どもの成長にとって読書が欠かせないことを主張してきましたが、読書が大事だということはすでに広く認識されているように思います。2024年3月5日、閣議後の記者会見で、経済産業大臣の齋藤健氏から「書店振興プロジェクトチーム」を設置するという話がありました。「読書を推進する」ことは重要ですが、私はこの「推進」の中身がもっと論じられるといいと思うのです。もちろん、戦前・戦中のように「良書推進」の名のもとに読書の自由を奪うことがあってはなりません。どんな本を読むかは個人の自由です。

　しかし、子どもや青少年がどんな読書生活を送るかは、大人たちに責任があると思います。児童書の著者や出版社には、売れること第一の本作りをするのではなく、子どもたちに伝えたい、手に取ってほしい本を出版してくれることを願います。例えば素晴らしいショートショートがたくさん出版されていますが、短ければそれだけで読みやすくていいというわけではありません。子どもにわかりやすいノンフィクションは大切ですが、漫画にすればやさしく理解できるわけではありません。小学校低学年には良質なナンセンス物も必要です。

　本書が、子どもの読書について考える一助になれば幸いです。

　実は、コロナ禍で大学の授業がすべてオンデマンドになり、資料や課題の作成、学生の毎回のレポートや提出物へのコメントに膨大な時間を要してしまい、しばらく執筆の時間がとれませんでした。その間じっと待っていてくださったり、原稿にコメントを寄せてくださったりと、青弓社の矢野恵二さんにはたいへんお世話になりました。心からお礼を申し上げます。また、校正、印刷、製本、販売など、ご尽力いただいた方々にも心からお礼を申し上

げます。挿絵を描いてくださった山口佳子さん、どうもありがとうございました。そして、本書を手に取ってくださったみなさま、心からお礼を申し上げます。

　読書は、子どもの成長に欠かせないものです。子ども向けのいい本は、大人が読んでもおもしろく魅力的です。子育てに、教育に、ぜひ読書を一つの柱にしてください。

2024年5月6日　　　　　　　　　　　　　　　　　　　　　　　小川三和子

［著者略歴］
小川三和子（おがわ みわこ）
東京学芸大学大学院教育学研究科学校教育専攻修士課程修了
東京都公立小学校教諭・司書教諭、新宿区学校図書館アドバイザーなどを経て、現在は八洲学園
大学非常勤講師。全国学校図書館協議会参事、日本学校図書館学会理事・役員、日本子どもの本
研究会会員、日本図書館情報学会会員
著書に『学校図書館サービス論』『読書の指導と学校図書館』（ともに青弓社）、『教科学習に活用
する学校図書館──小学校・探究型学習をめざす実践事例』、共著に『読書と豊かな人間性』（と
もに全国学校図書館協議会）

子どもの読む力を育てよう！　家庭で、園で、学校で

発行 ──────2024年9月9日　第1刷

定価 ──────2200円＋税

著者 ──────小川三和子

発行者 ─────矢野未知生

発行所 ─────株式会社青弓社
　　　　　　　〒162-0801 東京都新宿区山吹町337
　　　　　　　電話 03-3268-0381（代）
　　　　　　　https://www.seikyusha.co.jp

印刷所 ─────三松堂

製本所 ─────三松堂

©Miwako Ogawa, 2024

ISBN978-4-7872-3540-4　C0037

寺井 潤／柏原寛一

絵本で世界を学ぼう!

絵本を読んで世界への扉を開こう! 多くの国を知って、さまざまな文化や習慣、価値観を理解しよう! 105の国の国旗や地図、人口などの基本情報を示し、その国の絵本1冊を選んでポイントを紹介する。　　定価1800円＋税

重里徹也／助川幸逸郎

教養としての芥川賞

第1回受賞作の石川達三『蒼氓』から大江健三郎『飼育』、多和田葉子『犬婿入り』、宇佐見りん『推し、燃ゆ』まで、23作品を厳選。作品や作家の内面・奥行きを文芸評論家と文学研究者が縦横に語るブックガイド。定価2000円＋税

加藤博之

がんばりすぎない!発達障害の子ども支援

発達障害の特性や基本的な知識を押さえ、保護者や教員などが悩みがちなポイントや子ども自身の困りごと、安心できる環境づくりのヒントを解説。「ユーモア」と「ゆるさ」をもって子育てをするための実践ガイド。定価1800円＋税

小川三和子

学校図書館サービス論

読書センター・学習センター・情報センターとしての学校図書館の機能を生かしながら、児童・生徒や教員の情報ニーズに対応し、読書の指導や授業を支援する情報サービスをどうやって提供すればいいのかを指南する。定価1800円＋税

大串夏身

まちづくりと図書館

人々が集い、活動し創造する図書館へ

多くの住民が地域の問題解決に参加して知恵を出し合える成熟社会のなかで、本を仲立ちにして多様性あるコミュニティーを形成する図書館のあり方を、各地の基本計画に長年関わってきた経験に基づいて提言する。　定価2400円＋税